作者简介

于　颖　女，教育学博士，应用心理学博士后。现任北京化工大学文法学院高教所副教授、硕士生导师。主要研究方向是高等教育管理、比较教育、教育与人力资源管理。曾参与编撰北京师范大学比较教育研究中心系列教材《比较职业教育》；曾担任新华社《新华教育观察》特约分析员，撰写研究报告近30篇；在《比较教育研究》《高等工程教育研究》《大学教育科学》《现代教育管理》《中国教育报》《科学时报》等期刊及报纸上发表论文30余篇。曾参与国家社科基金、教育部及北京市课题近20项，主持课题八项，目前主持在研课题三项。曾获得中国博士后科学基金二等资助、中国博士后基金特别资助、北京市委教育工作委员会北京高校青年教师社会调研成果一等奖、联校教育社科医学研究论文奖资助（香港设立）等奖励。2007年，曾获得国家留学基金委全额资助赴日本名古屋大学留学。

教育部中央高校基本科研业务费资助项目

当代人文经典书库

高校青年教师工程实践的探索与创新

于 颖◎著

光明日报出版社

图书在版编目（CIP）数据

高校青年教师工程实践的探索与创新 / 于颖著 .
-- 北京：光明日报出版社，2017. 9
ISBN 978 - 7 - 5194 - 3479 - 3

Ⅰ. ①高… Ⅱ. ①于… Ⅲ. ①高等学校—青年教师—师资培养—研究—中国 Ⅳ. ①G645. 12

中国版本图书馆 CIP 数据核字（2017）第 240774 号

高校青年教师工程实践的探索与创新
GAOXIAO QINGNIAN JIAOSHI GONGCHENG SHIJIAN DE TANSUO YU CHUANXIN

著　　者：于　颖

责任编辑：许　怡　　　　责任校对：赵鸣鸣
封面设计：中联学林　　　责任印制：曹　诤

出版发行：光明日报出版社
地　　址：北京市东城区珠市口东大街 5 号，100062
电　　话：010 - 67078251（咨询），67078870（发行），67019571（邮购）
传　　真：010 - 67078227，67078255
网　　址：http：//book. gmw. cn
E - mail：gmcbs@ gmw. cn　xuyi@ gmw. cn
法律顾问：北京德恒律师事务所龚柳方律师

印　　刷：三河市华东印刷有限公司
装　　订：三河市华东印刷有限公司
本书如有破损、缺页、装订错误，请与本社联系调换

开　　本：710×1000　1/16
字　　数：175 千字　　　印　张：14. 5
版　　次：2018 年 1 月第 1 版　　印　次：2018 年 1 月第 1 次印刷
书　　号：ISBN 978 - 7 - 5194 - 3479 - 3

定　　价：68. 00 元

前　言

北京化工大学高等教育研究中心创立于1981年，本研究中心自成立以来，学校层面对高等教育研究工作非常重视，主管校长不仅直接领导和部署中心的教育研究工作，而且亲自主持和参与教育科学研究规划及教育科研课题的研究工作，使本研究中心在推动高等教育理论的研究和实践的指导，促进教育观念的转变方面发挥了重要作用。本研究中心坚持“立足本校，面向全国，关注行业教育；以服务求生存，以贡献求改善，以创新求发展”的定位适当，思路清晰。学校层面一向重视高教研究在教育决策、教育管理和教学改革发展中的作用，注重运用高等教育的理论和研究成果指导教育教学改革实践。

近年来，本研究中心作为首都高等教育联盟的创始成员之一，积极开展科学研究与学术交流工作。先后主持的课题包括北京市社科基金项目、北京市委教育工作委员会北京高校青年教师社会调研成果后期资助项目、中国高教学会素质教育分会资助项目、学情调查项目（清华大学主持）、中央业务费资助项目等，参与国家社科基金项目、中国高等教育学会“十二五”教育科学规划课题、教育部科技司重点课题、工程院及教育部重大课题等10余项课题。广泛开展学术交流活动，特邀北京师范大学资深教授顾明远先生、中国人民大学教育学院学术委员会主席项贤明教授、北京师范大学国际与比较教育研究院副院长高益民教授等知名教育家走进校园开展讲座，深受好评。本书《高校青年教师工程实践的探索与创新》作为近年来本研究中心的系列研究成果之一，付梓在即，恳请读者诸君批评指正。

目 录
CONTENTS

01

工程教育

高校青年教师工程实践的探索与启示

——以北京化工大学为例

摘　要：高校教师的工程实践能力是影响工程技术型人才培养质量的关键因素。提升青年教师的工程实践能力是当前高校教学体系改革及人才培养质量提高的关键。我们以2012—2014年北京化工大学青年教师工程实践活动为例，探索提升高校青年教师工程素质的发展之路。

关键词：高校；青年教师；工程实践能力

一、青年教师工程实践能力的内涵与阐释

实践是工程的灵魂与根本，工程实践的目的就是要使所学的理论知识面向真实的世界，面向生产实践及其现实环境。教师的工程实践能力是指教师在实施以生产实践为导向的工程教育时应必备的特有素质和能力的总称。也就是说，工程实践能力不是单一的某种能力，而是多种工程能力所组成的综合性能力，具体表现为四个方面。一是工程教学能力。高校的青年教师提高工程实践能力的最终目的是为了反哺教学，如何将工程实践中的案例、背景知识、操作技能等传授给学生，需要具备良好的工程教学能力。二是实际操作能力。实际操作能力是指按照一定的规范、程序、要求进行实际活

动操作的能力，包括设备操作、产品加工制作等，这也是高校青年教师应具备的最基本的实践能力。三是工程管理能力。一项工程通常由若干个子项目组成，子项目间设备、人员、过程的管理、组织至关重要，具备工程管理能力是项目得以顺利开展的关键。四是工程思维品质。教师只有具备了良好的工程思维品质，才能够在教学过程中，以工程的特点为背景，通过工程项目把最新的工程技术传授给学生，以培养学生系统的工程思维品质和思考问题的习惯。近年来，如何提升青年教师的工程实践能力成为高校尤其是理工科高校青年教师队伍建设重点研究的课题之一。北京化工大学在教师队伍建设过程中，着力实施青年教师工程实践能力培训，这是以工科为主兼具行业特色的多科性研究型大学提高教师教学科研素质的有效途径，是建设高水平创新型人才师资队伍的重要举措。实施青年教师工程实践能力培训，不仅有助于高等教育面向社会培养人才，提高人才培养质量，推动教育教学改革创新，而且适应了国家面向工业界培养造就创新能力强、适应经济社会发展要求的高质量工程技术人才，为建设创新型国家奠定人力资源优势的需要。

二、我国高校青年教师工程实践能力的现状与问题

目前，我国高校青年教师的工程实践能力的现状与问题主要表现在如下几个方面：

（一）高校扩招带来的教师资源和实践教学资源短缺

我国高等教育大众化、普及化过程中，师资短缺是突出的矛盾，大量的青年教师进入高校师资队伍中来。这些新增教师大多是从学校硕士、博士毕业后直接到学校任教，没有进行过严格的、系统的业务技能和专业实践的培训。由于办学规模的快速扩展，高校中工科院校的实验室、实训中心、实习基地建设相对滞后，限制了实践

教学活动的开展，也使得青年教师仅有的工程实践能力不能得到有效利用与提高。

（二）青年教师工程实践能力培养机制有待健全

青年教师的工程实践经验和能力要通过工程实践锻炼来获得，但青年教师工程实践能力培养机制还不是十分健全。首先，工程实践能力培养的职责体系不明确。青年教师工程实践能力培养涉及各方面的协同配合，但各部门职责不明确，使得培训工作出现未能进行科学规划、培训的内容缺乏系统性、培训的目标不清晰、培训考核指标和标准不明确等问题。其次，工程实践能力培养政策不明确。青年教师工程实践能力的培养，事关学校师资队伍建设的大局，需要相关政策的扶持。另外，在实践中鼓励政策不足较为突出。

（三）青年教师工程实践能力培训基地不落实

培养青年教师的工程实践能力，要有相对稳定的培训基地做保障，但是，目前培训基地问题已成为制约青年教师工程实践能力培养的重要因素。校外培训基地比较适宜的是相关行业的企业（或相关业务部门）。但是从企业角度来看，接收青年教师进行培训，不但在经济上不会产生效益，并且还要承担一定的风险，因此，企业缺乏积极性。在校内建设工程实践实训基地，存在建设资金、建设用地、人员编制、运行管理等诸多具体问题，工程实践实训中心建设比较滞后。

（四）青年教师工程实践意识缺失

近年来高校引入的青年教师，他们正是在我国高等教育跨越式发展的过程中接受的高等教育，换言之，他们所接受的专业训练模式就是“偏重理论、缺少实践”的培养模式，缺乏足够的工程实践训练，这直接导致了青年教师工程实践能力先天不足，致使青年教师走上工作岗位后仍旧重视传授理论知识，缺乏提高自身工程实践能力的意识和动力。同时，青年教师的教学工作量、科研项目、论文、学术获奖对他们现实利益和长远发展有着直接的影响，使得他们把主要精力投向这些方面，缺乏进行工程实践能力培养的内在动力。

三、提高高校青年教师工程实践能力的紧迫性与必要性

针对如上所述的一些问题，我们认为，提高高校青年教师工程实践能力的紧迫性与必要性主要表现在如下几点：

（一）提高青年教师工程实践能力是提高人才培养质量的需要

近年来，用人单位对毕业生的工程实践能力提出了更高的要求，要求毕业生知识构成综合化，具有较强的工程意识和基本的工程实践能力，入职后能够很快适应岗位需要，拥有“即战力”。这就要求学校和教师不断更新教育观念，改革教学内容和方法，以学生为本，以培养和造就社会需求的人才为目的，在日常教学中引入工程思想、原理和方法体系，加强工程训练，促进学生工程意识的培养、实践能力的塑造。青年教师现已成为高校教学工作的主力军，教师自身的工程实践能力对人才培养的质量有着重要的影响。因此，提高青年教师的工程实践能力，是提高高校人才培养质量，办人民满意的教育的客观要求。目前，青年教师自身的工程实践能力与人才培养要求的差距已经凸显，提高青年教师工程实践能力，适应社会对人才培养的要求已成为一项紧迫的任务。北京化工大学作为一个行业特色鲜明、以工科为主的多科性研究型大学，其人才培养的质量直接关系着学校在相关化工等行业中的知名度，而提高青年教师的工程实践能力是当前提高人才质量的行之有效的方法之一。

（二）提高青年教师工程实践能力是提高学校事业发展的需要

高校的办学特色是它存在与发展的前提，特色的基础就是行业

特点和实践能力。人才培养要坚持以社会需求和学生全面发展为导向，注重实践能力培养，突出为经济社会发展和行业建设与管理服务的特色；科学研究要坚持依托自身学科和专业优势，解决行业发展和地方（区域）经济社会发展中的实际问题；服务社会要坚持推进产学研一体化，以自身学科优势服务社会，将科研成果在行业建设和社会管理中运用推广转化为生产力。履行这些职能均需要实践技能予以支撑。加强教师特别是青年教师的工程实践能力的培养，及时调整和改进实践教学环节，掌握产业发展新动向、新方法、新技术，站在应用学科研究的前沿，才能不断提高学校的办学水平，提升学校服务社会的能力，满足高校事业发展的新需要，办人民满意的大学。北京化工大学的教师队伍自建校初期就具有良好的工程背景，随着教师队伍的不断发展壮大，我校在科学研究、学科总体水平方面都取得了较大的进步。但目前教师队伍，特别是青年教师中工程背景的不足成为我校进一步发展的制约因素，制约学校“人才强校”和“大开放”两大战略的推进，也必将影响到2023年把北京化工大学建设成特色鲜明、在国际上有影响的高水平研究型大学这一发展目标的实现。

（三）提高青年教师工程实践能力是青年教师自身成长的需要

青年教师作为学校发展的未来和希望，肩负着重要的历史使命。作为高校教师，尤其是工科类院校的教师，其基本要求就是要具备较强的工程意识和实践能力，能够带领和指导学生完成一定的实践教学环节。目前，高校青年教师工程实践能力欠缺是一个突出的问题。这部分青年教师不仅不能适应当前教学工作的需要，而且严重影响了他们长远的发展。目前，广大80后（1980年以后出生的）青年教师是北京化工大学教学、科研的主力军，我校通过对青年教师加强工程实践能力的培养，不仅着重提高他们的业务水平，在参加工程实践的同时，深入开展了丰富的社会实践，让他们对国情加深了了解与认识，与此同时，也让他们从意志的锻炼、团队意识的培养以及职业道德的塑造等方面得到了较好的提升。因此，加强青年教师工程实践能力的培养也是青年教师自身成长的需要。

（四）提高青年教师工程实践能力是落实国家“卓越计划”的必然要求

为贯彻落实党中央提出的走中国特色新型工业化道路、建设创新型国家、建设人力资源强国等战略部署，贯彻落实《国家中长期教育改革和发展规划纲要（2010—2020）》提出的创立高校与科研院所、行业、企业联合培养人才的新机制和组织实施“卓越工程师教育培养计划”（以下简称“卓越计划”）的要求，教育部于2010年6月正式启动实施了卓越计划，旨在主动服务国家战略要求、主动服务行业企业需求。教育和行业部门联合制定行业专业标准，面向工业界、面向世界、面向未来，培养造就一大批创新能力强、适应经济社会发展需要的高质量各类型工程技术人才。“卓越计划”遵循“行业指导、校企合作、分类实施、形式多样”的原则，核心是校企联合培养人才，重点是提升高校学生工程实践能力。因此，提高大学生的工程实践能力，把“卓越计划”真正落到实处，就必须提高作为高校教学主力的青年教师的工程实践能力。作为教育部直属的全国重点大学，国家“211工程”和“‘985’优势学科创新平台”重点建设院校，北京化工大学肩负着高层次创新人才培养和基础性、前瞻性科学研究以及原创性高新技术开发的使命，作为“卓越工程师教育培养计划”的第一批高校，我校在提升青年教师工程实践能力方面迈出了重要的一步。

四、北京化工大学提高青年教师工程实践能力的新探索

近年来，随着学校人才引进力度的加大，北京化工大学吸纳了一大批优秀青年教师充实到教师队伍中来，使教师队伍结构得到了优化与补充。随之而来的是，青年教师，尤其是近几年新入职的青年教师的工程实践能力亟待提升，因此，我校自2012年开始进行了青年教师工程实践能力提升的新探索。我校在实施青年教师工程实践能力培训过程中，以“行业指导、校企合作、分类实施、形式多样”为原则，制定和完善培训模式，在实践中积极探索在国有大型行业企业、国有大型研究设计院所、地方大中型民营企业等不同类型承训单位的培训环节，并通过实践培训基地建设，逐步构建与形成教师工程实践培训的可持续发展平台。我校通过规模化、系统化的工程实践培训，在提升青年教师工程实践能力的同时，也为兼具工科背景和行业特色的综合性研究型大学探索教师工程实践能力培训模式方面做出了重要尝试。

具体来说，我校提高青年教师工程实践能力培训活动的开展主要包括以下一些特点：

（一）结合学校发展需求，探索中不断完善教师工程实践培训模式

当前我国高校青年教师工程实践背景和能力的缺失已经成为制约高校工程教育实践发展的重要因素，而且在企业参与热情不高的情况，如何有效提高青年教师工程实践能力存在着较大的争议。在学校的大力支持下，我校人事处在对全校青年教师进行工程实践相关问卷调查的基础上，进行了系统而深入的分析，同时考虑青年教师的专业背景和对接企业的技术特点，自2012年起开始组织选派青年教师深入企业一线进行为期一个月的工程实践能力培训。参训教

师在培训过程中力求将理论与实践进行紧密结合，在了解企业需求与发展方向的同时，使个人知识体系得到进一步丰富和更新，有效地促进了青年教师教学实践能力和科研创新能力的提升，为未来教学和科研的开展提供了宝贵的经验。

（二）结合承训企业特点，探索工程实践培训的有效形式

2012 年，我校的青年教师实践能力培训工作依托大庆石化、吉林石化和辽阳石化三家化工行业内大型国有企业，分别采取生产一线参观、项目合作研讨及两者相结合的方式展开；2013 年，承训企业又增加了以化工设计为主营业务的中国天辰集团和西安华陆工程公司、以北京化工大学常州先进材料研究院为依托的民营企业，以及以山东瑞星集团为代表的地方中型化工企业；2014 年，在此基础上又增加了山东东岳集团和由青年教师领队的宁夏研究生暑期实践团。学校与企业进行了充分的交流沟通，根据行业特色和企业主营业务特点，结合青年教师的专业特长，双向选择，有针对性地制定了青年教师工程实践培训方案。并在此基础上，不断探索以工科为主的研究型大学教师工程实践能力培训的有效方式。

（三）统筹整合资源，建设青年教师培训基地

一方面，我校依托学校的科研项目合作企业、专业实践实习和研究生培养基地、工程硕士培养合作单位等，建立了寰球辽宁公司、华陆科技、山东东岳等多个校院两级教师工程实践培训基地，并于 2013 年签订了北京化工大学与新泰市政府的战略合作协议，将原有比较松散的资源加以整合，为教师创造实践场所和机会，使青年教师将理论与工程实践相结合，在为企业科技服务的同时也获得实践知识与经验，实现学校、企业、教师个人的共同发展与提高，通过规范管理，激发学院、地方政府和企业的积极性；另一方面积极拓展国际资源，依托与学校合作紧密的海外一流大学，建设教师海外

培训基地，拓展国际资源，搭建国际合作、人才引进和教师培训的海外实施平台。除此之外，为了更好地促进教师的全面发展，我校于2013年1月成立了北京化工大学教师发展中心，以此来加强青年教师的工程实践能力的培训。

（四）以科学为导向，建立可持续发展的青年教师工程实践能力培养体系

第一，在工程基础培训方面，我校广泛邀请校内教师、工程院所、企业专家、名誉学衔教授，针对工程应用基础、技术发展、教学技巧、科研能力等方面开展深入研讨，注重工程意识培养，形成以实践为主导的工程教育理念；第二，在实践交流与研讨方面，结合工程实践培训活动，促使实践培训成果与教师理论知识和教学经验内化为实践能力，进而完善并丰富其教学内容，带动学生对实践教学的兴趣和追求；第三，在国际交流合作方面，派出教师赴工程教育强国进行研修深造和交流，更好地借鉴国外的工程教育理念，以及他们在工程教育改革和实践方面的丰富经验，推动我们自身工程实践培训的发展；第四，在企业项目研究方面，以项目为驱动，鼓励青年教师积极参与企业的项目研究，从企业一线“挖宝”，带回科研课题，促进科研成果向生产力的转化，并拓展工程视野，提升团队合作能力，逐步建立包括工程基础培训、实践教学研讨、国际交流合作、企业项目研究等方面的青年教师工程实践能力培养新体系。

五、加强青年教师工程实践能力培养的相关建议

提高青年教师队伍的工程素质是一个系统性的问题，我们认为可以从以下几个方面来提高青年教师的工程实践能力。

（一）转变思想观念

工程实践能力的培养是高等工科院校人才培养的重要内容，良好的工程实践能力是高等工科院校教师的能力要求的重要组成部分。要教育引导青年教师转变观念，要树立以培养学生工程实践能力和创新能力为重要目标的思想，将仅注重理论知识传授向理论知识与实践技能并重转变；在自身成长上要将仅注重学术水平提升向学术水平与工程实践能力“双提升”转变；要将工作的主战场由教室的小课堂向生产实践的大课堂延伸；以开放办学的态度，注重教学与工程实践的结合，学校与企业的结合，立足行业开展应用型科学研究。

（二）调整师资队伍结构，建立新引进教师上岗前工程实践培训制度

在引进人才过程中，既注重引进高学历、高素质的科研型人才，也适度引进一些有丰富工程实际经验的工程型人才，教师间取长补短、相辅相成，必将有助于促进师资队伍的均衡发展，优化师资队伍结构。我校在聘任新教师时，除了注重他们的理论层次和教学技能以外，还充分考虑了他们的工程实践经验，将工程实践背景作为入职评价的一个重要指标，对于没有工程背景的新引进教师，在正式上岗独立担任教学任务前，鼓励青年教师到相关企业学习进修一段时间，或承担一定的实验准备工作，在具有一定的实验准备经历并跟班实训一定时间后将有利于教学以及科研工作的开展。对于博士毕业不久尚且欠缺工程实践经验的教师，我们鼓励他们去企业博士后工作站，深入企业，了解行业、企业最前沿的信息和技术，补充他们欠缺的工程实践知识，回来后再承担教学和科研任务。这些措施使青年教师在思想上清楚认识到提高自身工程实践能力的必要性和紧迫性，增强了青年教师参与工程实践的意识。目前，我校具

有半年以上企业工程实践经验以及和企业保持长期合作关系的教师比例已超过了50%，此外，学校优先选择具有多年企业工作经历的教师主讲专业基础和专业主干课程，这些措施为实践教学和培养学生工程实践能力打下了良好的基础。

（三）重视产学研合作，优化教师知识结构，推进青年教师工程能力的培养

我校建立了教师定期到企业、行业学习进修的相关制度。由学校牵头与友好企业达成协议，根据具体情况做出规定，如青年教师利用暑假到相关企业学习进修。用制度保障教师的工程实践能力的培养，使教师始终保持与生产实际不脱节，学生所学内容始终与生产发展保持同步。通过校企合作，鼓励教师积极参与企业的攻关课题，促进科研成果向生产力的转化，并且在参与工程实践项目的同时，拓展工程视野，提升团队合作的能力。学校在“大化工”等相关专业建设过程中，十分注重与企业的合作，目前已经初步建立了：①山东实践基地：山东济南－泰安－淄博实践基地；②东北实践基地：辽宁抚顺－辽化－吉林吉化－大庆油田；③陕西实践基地：西安华陆－惠安公司－陕西煤业。学校利用实践基地增加了专业课教师参加工程实践的机会，安排青年教师去实习基地，结合企业任务，进行实践锻炼。教师深入企业，有利于开阔视野、增强感性认识，有利于熟悉生产环节、了解目前生产技术和工艺设备的现状和发展趋势，以及行业现状和发展趋势，有利于教师工程实践能力和解决生产实际问题能力的提高，在教学中及时补充新技术、新工艺、新知识和新方法，有利于结合生产实际进行案例教学，使教学更为生动有趣，激发学生的学习兴趣，从而使学生能更好地将书本知识融入生产实际当中。自2012年，学校各学院多名专业教师参加了工程实践，每年为基地企业完成多项基础工程设计或技术服务，教师工

程实践能力有了较大提升，很好地解决了理论和工程实际结合的问题，促进了课堂教学和实践教学效果，同时也为相关企业创造了较大的技术和经济效益，提高了学校的社会知名度，进一步拓宽了实践教学途径。

（四）加强教师培养机制建设，发挥老教师的传帮带作用

青年教师参加工作时间不长，教学经验、科研经验、工程实践能力都比较欠缺。青年教师健康成长需要有效的引导，老教师在各方面都积累了丰富的经验，充分发挥老教师治学严谨、责任心强、工程实践经验多的优势和积极性，形成了教师传帮带模式。由老教师带头，带领青年教师从事各项科研工作，逐步增强青年教师解决工程实际问题的能力。我校以各个研究所的教学团队为单元，建立了老教师与青年教师的教师互动机制，使青年教师的综合能力得到明显提高。而且，老教师为了更好地起到引导作用，也不断提高自己各方面的能力，形成了积极向上、共同进步的良好氛围。

（五）聘请企业兼职教师，带动教师工程实践能力的提升

吸引一批具有丰富实践经验的专家来我校兼职任教，从而提升教师工程能力的整体水平。此外，学校还设置访问学者等一些助理岗位，吸引一批行业专家、技术骨干、高级工程师到学校短期上岗，定期聘请他们来校对专职教师进行业务培训和技术指导，或为学生开设专题讲座。此外，还允许一些符合条件的兼职教师参与教师职称的评定，并给予适当的报酬或荣誉称号。这些成功的技术、管理专家可以通过办讲座或学术交流会等方式，为学校教师、学生带来工程上的新动态、新需要，带来新的知识和思维方式。既可以扩展师生的视野，也加强了学校与工程单位的联系，在此基础上学校可有选择地建设一批实践基地，不仅有利于深入、持久地培养教师的工程实践能力，而且促进了高校和企业在人才、技术和文化上的沟

通与交流。目前，学校还执行了“双导师制”，由企业导师和校内导师共同指导，毕业设计题目结合企业的生产实际需求，不仅提高了学生解决生产实际问题的能力，而且带动了校内教师工程实践能力的提高。

（六）改革教师考核和职称评审机制，将考核、评价与培养措施有机结合

我校在加强对教师工程实践能力培养的同时，制定了有关教师工程实践能力培养的激励、约束、考核机制。对青年教师的培养效果进行定期考核和评价，进一步完善培养措施，改进教师考核和职称评审机制，营造教师工程实践能力培养的良好氛围。在教师考核上，建立科研成果和工程实践成果并重的评价体系，同时建立教师参与工程实践的激励机制。在教师职称评审上，把工程实践技能作为晋升职称的评审条件之一，严格将教师工程能力的培养落到实处。另外，教师到现场实践，学校给予一定的经济补助，确保教师安心踏实地完成实践培训。对教师的评价标准，也不再单纯看重其发表的学术论文与获奖等级，同时兼顾工程实践和创新能力。我校建立了相应的激励机制，教师的考核结果与其奖金、福利及进修机会等因素直接挂钩，进而积极引导教师加强自身工程素质的提升。通过近年来的实践和努力，我们已经初见成效。教师尤其是青年教师在工作中表现出较强的工程意识与创新意识，并逐渐成为专业课程教学和实践教学的主力。教师指导的本科生毕业选题90%以上结合工程实际和科研任务进行，使学生受到更为系统的工程训练，促进了实践性教学水平的提高。

参考文献：

[1] 韩世洪．论工科专业教师的工程实践能力建设［J］．武汉

科技学院学报.2008（1）：85-88.

［2］余纯丽．高等院校工科专业教师工程实践能力培养途径和机制建设［J］．中国科教创新导刊，2010（11）：42.

［3］王艳娜，李锦华．工科院校青年教师工程实践能力培养研究［J］．中国科技信息.2010（13）：250-251.

［4］张雁．提高教师实践能力的探索［J］．中国高等教育，2010（12）：60-61.

［5］教育部．关于实施卓越工程师教育培养计划的若干意见（教高［2011］1号）［Z］.

［6］李如玮．高等工科院校青年教师工程素质培养途径的研究与探索［J］．教师，2011（5）：31-32.

［7］惠晓丽，吉莉，徐鹏．高等工科院校青年教师工程实践能力培养问题研究［J］．教育科学.2012（12）：65-68.

［8］郭秀云，李映霞，师涌江．工科院校专业教师工程实践能力的培养［J］．中国成人教育.2013（2）：55-56.

［9］李炎锋，薛素铎，杜修力．卓越工程师计划背景下青年教师工程素质的培养［J］．中国大学教学.2013（4）：77.

注：文章原载于《北京教育》（人大复印资料入选期刊），2015年4月（第4期）。

工科院校青年教师工程素质提升路径探析

——以北京化工大学为例

摘　要：青年教师的工程素质对工科院校人才培养的质量具有一定的影响。自2012年开始，北京化工大学的青年教师工程实践活动已经成功开展了四年，本文从人员组成、承训单位类型、培训形式等方面总结活动特点，并针对目前存在的问题，从校内外培训制度构建、校外工程实践基地建设、产学研合作等方面提出完善青年教师工程素质培养路径的建议。

关键词：工科院校；青年教师；工程素质

近年来，随着我国高等教育的不断发展，大批拥有高学历的青年人才加入高校教师队伍中来。在工科院校中，虽然青年教师具备扎实的专业知识和良好的科研能力，但普遍缺乏工程实践的经验，难以在实践教学环节中给予学生有效的指导，从而影响学校工程人才培养的质量。2015年两会期间，李克强总理在《政府工作报告》中首次提出“中国制造2025”的宏大计划，涉及五大工程和十大领域。不过，随着《中国制造2025》的快速推进，相关领域的人才缺失问题备受关注。因此，注重对青年教师工程素质的培养，不仅有助于高等教育面向社会培养人才，提高人才培养质量，推动教育教学改革创新，而且适应了国家面向工业界培养造就创新能力强、适应经济社会发展要求的高质量工程技术人才，为建设创新型国家奠定人力资源优势的需要。工程实践活动作为提高教师工程素养和综合素质的主要载体，对于增强教师对工程概念的理解和提高对实践的认知具有重要意义。北京化工大学在教师队伍建设过程中，着力实施青年教师工程实践能力培训，这是以工科为主兼具行业特色的多科性研究型大学提高教师教学科研素质的有效途径，是建设高水平创新型人才师资队伍的重要举措。

一、工程素质的内涵

现代工程具有实践性、科学性、创新性、综合性、集成性和社会性的特征[1]，相应地，高等工程教育和对教师工程素质的要求也体现了这些内容。我们可以将教师工程素质概括为四个方面：学术研究水平、工程实践能力、系统思维品质、人文素质修养[2]。学术研究水平反映了教师的专业知识功底和学术底蕴，是衡量教师素质的重要指标，也是日常教学的坚实基础。工程实践是工程教育的灵魂，教师只有具备丰富的工程实践经验和能力，才能在教学中真正做到理论与实践相结合，调动学生学习专业知识的积极性，逐渐扭转过去“重理论、轻实践”的传统工程教育模式，从而回归工程实践的本质，培养出理论与实践并重的高素质工程人才。系统思维品质体现了现代工程的综合性和集成性。一方面，各工程学科间存在广泛的交叉和渗透，另一方面，实际工程活动也必须考虑工程技术之外的政治、经济、文化等多方因素，这都要求教师不仅要掌握工程学科的专业知识，更重要的是具备综合相关因素、进行系统思考和解决问题的能力，这样才能注重培养学生系统性的思维习惯，增强解决实际问题的能力。现代工程活动是一项复杂的社会活动，不仅需要社会不同领域专业人员的分工协作，活动本身也会对社会政治、经济、文化等方面产生深远影响，因此要求教师具备一定的人文素质修养，在传播知识的同时，也要注意塑造学生的责任意识、团队精神、人际交往能力等。

二、提升青年教师工程素质的实践活动分析

随着“卓越工程师计划”的实施，青年教师工程实践培训已经逐步为各高校尤其是工科背景的高校所重视。但据调研了解，目前开展教师赴企业进行工程实践培训活动的高校仍然较少，且活动的开展形式基本以短期赴企业参观考察为主。作为“卓越工程师计划”的首批试点高校之一，北京化工大学以“行业指导、校企合作、分类实施、形式多样”为原则，以工科背景和行业特点为基础，将青年教师的专业方向与培训企业的具体特点相结合，同时借鉴了美国、德国等工程教育大国的先进经验，从 2012 年开始，在实践中不断探索和完善青年教师工程实践培训活动，并取得了阶段性的成果。

（一）青年教师工程实践活动的特点分析

从 2012 年开始，北京化工大学针对青年教师和部分在读博士生开展青年教师工程实践活动，目前，活动已经成功开展了四年，取得了一定的成效。主要表现出以下几个特点。

1. 人员组成的综合性

2012 年至今，学校累积选派约 160 名骨干教师（包含少数在读博士生）、组成 15 个实践团奔赴多地参与工程实践培训交流活动。其中，博士所占比例达到 80% 以上，学历层次高；职称构成上，涵盖助教、讲师、副教授和工程师等，以讲师为主，比例接近 70%；年龄结构上，“80 后”的青年教师则成为主力军。如图 1 所示，160 名骨干教师分别来自化工学院、材料学院、信息学院、理学院和文

法学院等 8 个学院，学科覆盖面广，涉及化学、材料、自动化控制、物理、英语、管理等多个方向。这种跨学科、跨方向、交叉性的人员设置和安排为实践团成员在活动中增进彼此了解创造了机会，为来自不同院系的教师间的合作提供了可能，有效地促进了学科融合与交流。

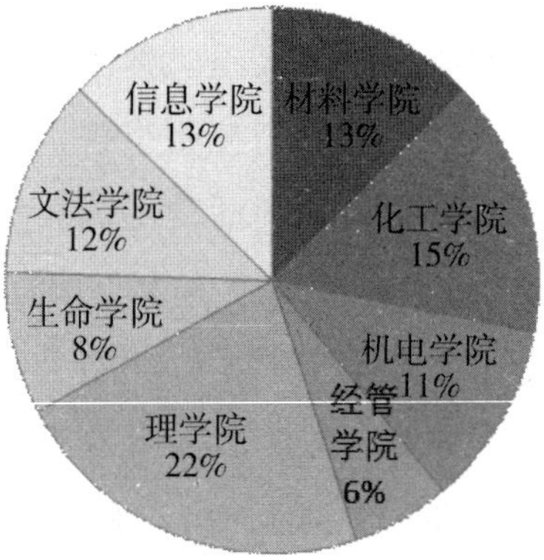

图 1　工程实践活动组成人员学院分布

2. 承训单位的多元性

学校通过前期问卷调查以及与专家教授、学院代表的座谈，了解青年教师需求和相关意见，同时结合学校的工科背景和行业特点，积极开发潜在的承训单位，建设校外工程实践培训基地，最终经过几年的不懈努力与积累，逐步形成了涵盖国有大型行业企业、国有大型研究设计院所、地方大中型民营企业等企业类型的承训单位网络[3]，如下表所示，初步搭建起青年教师工程实践培训的可持续发展平台。通过在科研院所和企业一线生产车间的参观实习，实践团成员能够对工业化生产线的复杂性建立起更直观、更清晰的认识，能够真切地体会到研究院在将实验室技术转化为模式实验装置、中试生产线以及大规模工业化生产过程中所起的作用，深入理解如何将基础理论知识转化为复杂的工业化生产线，有效提高科研工作的目的性和有效性。

表 1 2012—2015 年青年教师工程实践活动承训单位

企业类型	企业名称
国有大型行业企业	中国石油大庆石化公司
	中国石油吉林石化公司
	中国石油辽阳石化公司
	中国天辰工程有限公司
	中国寰球工程公司辽宁分公司
	华陆工程科技有限责任公司
	西安北方惠安化学工业有限公司
国有大型研究设计院所	陕西煤业化工技术研究院
	西安近代化学研究所（204 所）
地方大中型民营企业	江苏华达化工集团有限公司
	江苏傲伦达科技实业股份有限公司
	山东瑞星化工有限公司
	山东德普化工科技有限公司
	山东东岳集团

3. 培训形式的多样性

学校将实践培训分解为校内培训和企业培训两个阶段。在校内培训阶段，由工程经验较丰富的教授以及研究院所的专家为实践团教师进行基础性培训，协助青年教师明确工程实践培训的方向意义和重点，为赴企业实践打下较好的基础。学校领导高度重视青年教师的工程实践活动，2013 年 1 月，北京化工大学教师发展中心成立，主要配合人事处具体负责每年的青年教师工程实践活动的开展，从而更好地促进青年教师工程素质的提升和青年教师的全面发展。在企业实践阶段，根据企业特点安排培训日程和活动，如教师在大庆石化以工艺过程考察为主，吉林石化以研究项目学习交流为主，辽阳石化则将工艺考察和项目研究相结合开展。学校力图通过包括讲座报告、集中研讨、实际操作、企业一线观摩、项目研发参与、学术交流等多种不同形式的工程实践活动，依托企业资源，丰富实践培训的内容，最大化地激发工程实践培训的效果。

（二）开展青年教师工程实践活动的意义与价值

北京化工大学自2012年以来开展的青年教师工程实践活动，让青年教师在理论层面与实践层面，尤其是在实践层面加深了对科学问题的深入认识，切实提升了青年教师分析问题与解决问题的能力，对其今后的学术发展、职业发展都将产生深远的影响。具体来看，主要包括以下几点。

1. 深入了解行业发展现状，提升青年教师工程实践意识和实践能力

在实践活动中，青年教师深入企业和研究院所，系统了解了大型化工企业实际的生产和运行情况。通过实地参观和实习，教师对整个生产工艺和后续各类衍生产品的加工过程有了较为详细的认识，促进了理论和实践的良好结合，使青年教师感受到从理论研究到实践生产的工程化概念，又激发了教师从实践生产反思理论研究、到理论研究再创新的活力。同时，青年教师在实践活动中建立起与研究院工程师之间的联系，一线研究人员扎根基层、以厂为家、奉献进取的精神与品质也深深地打动了每一位参训教师，这些品格对青年教师责任意识的培养与吃苦耐劳精神的树立将有深远的影响。此外，实践团成员了解到企业在现实生产运营中的困难和未来发展的瓶颈，比如生产规模虽大，但核心技术仍受制于人，生产装置和产品质量相比国外仍有一定差距等，这也激发了教师在企业生产技术

以及管理运营方面的思考。

2. 推动教学方式改革，拓展高校人才培养新思路

学生工程实践能力的培养不仅为高校毕业生就业提供了更多的可能性，更能为其成为可堪大任的复合型人才奠定扎实的基础。青年教师作为高校人才培养过程的关键一环，其自身工程素质的高低将会对人才培养的质量产生重要影响。通过一系列工程实践活动，参训的青年教师不仅工程实践意识和实践能力有了明显提高，对教学方式也有了新的思考，拓宽了人才培养的思路。例如，《化工过程分析与合成》的主讲教师在回校后，将工程实践中学习到的工艺流程引入课程教学，让知识点以实际的化工生产背景为载体，变单纯讲授知识点的填鸭式教学模式为虚拟的实践教学模式，改善了教学效果，有效提升了学生学习的积极性和主动性。此外，相关教学研讨活动促进实践培训的成果与教师的理论知识和教学经验相结合，使之内化为教师的实践能力，实现自身工程素质的提升，进而完善并丰富教学内容，更好地激发学生学习的兴趣，让学生们爱上科学研究。

3. 推动产学研合作，促进科技成果转化和三方共赢

通过工程实践活动，学校建立了山东德普化工产学研基地并签订项目合作协议，与新泰市政府、山东东岳集团分别签订了战略合作协议，同时聘任合作企业部分高级管理人员和技术人员为学校名誉学衔教授。学校还鼓励青年教师结合自身的专业，围绕课题组的研究工作寻找契合点，在具有丰富经验的教师的带动下，以项目为驱动，积极参与企业的项目研究，促进科研成果向生产力的转化，在参与工程项目的同时拓展工程视野，提升团队合作能力。加强产学研合作，一方面学校可以依托科研项目、成果带动学科建设，更好地培养优质的、满足社会需要的人才，另一方面，企业也能够依

托高校开展基础研究和技术研究，开发高科技项目，实现成果转化。产学研结合可发挥各自优势，形成强大的研究、开发、生产一体化的先进系统并在运行过程中体现出综合优势。

三、现行工程实践活动中存在的问题

北京化工大学自开展青年教师工程实践活动以来，虽然取得了一定的阶段性成果，但是，在某些方面也凸显出了一些困难与问题。

（一）校内培训方面

目前工程实践的校内培训主要局限于为实践团所做的基础性培训，培训形式和内容相对单一，缺乏整体性、系统性的规划和设计，且培训对象的覆盖面较窄，没有扩展到实践团之外的青年教师群体。培训主讲教师以校内教师为主，专业知识丰富但对校外实践培训基地的了解程度有限。在“送出去”的实践形式愈加成熟的背景下，学校积极尝试了“请进来”的方式，通过工程实践活动这一契机，签订多名校外名誉学衔教授，但如何真正发挥荣誉学衔教授在我校青年教师工程素质培养方面的指导作用仍有待思考。此外，如果能够将企业工艺部门、管道部门、土建部门、仪表电器部门等一线技术人员请到高校内，针对不同专业开展“一对多”的工程经验和工程技术培训课堂，邀请企业相关负责人到学校进行专题讲座或者技术难题研讨，将对教师工程素质的培养产生积极的效果。

（二）校外培训方面

校外培训部分，主要是指在企业和科研院所的工程实践培训活动。经过几年的探索和发展，校外工程实践活动已经初具规模，但在实践中仍存在一定问题。一方面，实践团的人员组成安排考虑到了综合性，有效促进了学科间交流，但相对应的企业的选择还不够细化，实践团成员专业方向与参训企业主体存在一定偏差。人员搭配上，缺乏对企业生产工艺有一定了解的教授或研究员的参与，参训教师在实践活动中难以深入地发现问题和提出问题。因此，针对不同实践单位，合理搭配相关专业的青年教师组团，既有利于教师之间的科研合作交流，又有利于发现与企业合作的机会，真正帮助企业解决问题。另一方面，为期一个月的工程实践活动给参训教师带来了宝贵的经验与收获，但整体时间和活动安排仍显局促，教师与企业之间的交流不够深入。在后期活动开展中，应根据实践团成员专业方向合理安排参训时间，有条件的情况下适当延长培训时间。

（三）培训结束后的后续工作

校外工程实践活动的完成不是结束，而应是一个新的开始。校外工程实践基地方面，学校通过工程实践活动签订了相关战略合作协议和项目合作协议，这是对工程实践的延伸和拓展，但项目的持续性和其他后续工作仍需注意，比如对于实践后签订的合作项目，企业出于对风险的考虑，单方出资进行项目合作存在一定困难，这就需要学校利用配套资金启动项目，推动合作项目的开展，促进青年教师的成长及学校的发展。其次，如何进一步推动已挂牌的实践培训基地的建设也需要认真思考和探索，在暑期工程实践活动之外，应逐步建立长期的培训和合作机制，确定长期联络人员负责协调和联系，加强宣传与沟通，探索开发多样化的校企合作形式。同时，校内还缺乏对青年教师的后续培训和跟踪反馈环节，教师发展中心应建立工程实践团青年教师返校后的长效扶持机制。

四、进一步完善培养路径的建议

针对在青年教师工程实践活动中凸显的困难与问题，我们认为，应从以下几个方面进行思考。

（一）统筹资源，全面推动专业化和职业化的教师培训体系建设

学校应以教师工程实践培训活动的开展和教师发展中心建设为契机，拓展资源，树立引进与培养并重、可持续人才梯队建设的概念，全面推动专业化和职业化的教师培训体系建设。第一，凸显专业化。即形成以培养社会责任意识与师德规范的专业精神和教学科研等专业技能的专业化培训模式。同时加强对教师培训的系统性、整体性和全面性的设计，根据每年参加培训的教师群体特点，结合教师个人的学科与成长背景，增加培训的针对性、目的性和科学性。第二，彰显职业化。即实行岗前培训、职业培训、工程能力实践相结合，短期培训和长期发展相结合，技能培训与实践培训相结合的贯穿教师职业生涯的职业化培训方式。开办专门的短期课程或训练计划，鼓励青年教师参与相关行业的短期培训或学术研讨会，了解行业发展的最前沿动态，也可创造条件，通过校企合作，分派青年教师去企业参加有价值的商业短期培训课程或大型企业内部免费的培训计划。这种短期课程或训练计划的有力实施离不开校级领导的高度重视及资金支持，应适量给予那些积极参加培训、不断进取的青年教师物质奖励或表彰。此外，积极倡导理工与人文社会学科互相融汇与贯通：在实践教学中注重工程类教师人文素养的培养和人文社科类教师工程素质的培养。

（二）多措并举，促进师资队伍均衡发展

引进人才过程中，既要注重引进高学历、高素质人才，同时适度引进部分有丰富工程实践经验的工程人才，促进师资队伍均衡发展。基于《北京化工大学青年教师工程实践管理规定》，入职前明确责任与义务，不能履行全部义务的教师不予录用。在教师培养上，建立“双导师”制，基于校内青年教师导师制，设置企业教授岗位，建立由校内导师和企业兼职教授共同指导的“双导师”制，建设教

师工程实践培训的广泛、长期合作平台。吸引一批有杰出实践经验的高级工程师暑期来学校短期上岗，帮助师生培养产品过程和系统的建造能力，整体提升学校工程教育水平。在考评标准上，将校外实践活动的参与程度与活动表现作为教师评价的重要标准之一。考核形式除了传统的考试，还可采用观测、口试、现场操作、第三方评价、自评、小论文、提交案例分析、书面答卷等方法。这些方法的综合应用与单纯用理论试卷的考核方法相比，更能反映出学员的综合素质，体现能力为本的思想。[4]严格的选拔机制、不断完善派出机制，重视过程监控，将考核、评价与培养措施的完善有机地结合在一起。

（三）合理安排工程实践活动，提升培训效果

在学校统一部署下，由教师发展中心、人事处、宣传部、组织部、教务处、研究生院等部门联合举办青年教师暑期学校，基于对青年教师的培养，从教育教学、科技创新、国际化、思想政治等方面进行顶层设计，把青年教师工程实践活动作为暑期学校的重要一环。进一步合理规划青年教师工程实践活动：第一阶段，确定培训对象和规模；第二阶段，企业沟通，落实细节；第三阶段，成立实践团导师指导小组，完善前期培训，课题引导，双向选择；第四阶段，实践中有的放矢，实践后项目跟进，着力延续培训时间。在实践中，发挥“传帮带”的作用，以同企业有项目的老师指定带一两个年轻老师参与项目或协助他们同企业建立联系，以便快速成长。

在赴企业实践培训之外，通过各种形式继续延长培训时间，可以邀请企业管理和技术人员就企业的主体产品、生产工艺和过程、企业优势及面临的问题为教师进行前期培训，在培训过程中注重学科迁移能力和捕捉问题的能力，使参训教师有所准备，增强培训效果；努力把实践团打造成一个长期团队，并以此为媒介，促进学科

交叉，增加不同学科教师交流学习的机会，工程实践活动结束后定期到企业回访，延续实践培训效果，使之变成长期有益的活动，实现可持续发展和共赢。

（四）统筹实践平台，建立长期、定点多层次的校外工程实践基地

以学校对外交流合作部为资源协调出发点，与教务处卓越工程师计划、研究生院专业性硕士工程实践基地、人事处校外教师培训基地为基础，整合全校资源，互通有无，资源互补，实现统一规划、统一建设、统一派出的综合设计，共同发展。学校目前已经初步建立了：①山东实践基地：山东济南－泰安－淄博实践基地；②东北实践基地：辽宁抚顺－辽化－吉林吉化－大庆油田；③陕西实践基地：西安华陆－惠安公司－陕西煤业。考虑青年教师工程实践活动和博士研究生工程实践岗位挂职实践活动具有一定相似性，如果能够实现两者的有机结合，对推动工程实践活动的统一规划、统一部署具有重要意义。同时青年教师与博士生之间还可以取长补短，实现优势互补。

依托校外工程实践基地，实行实践前课题引导与实践后项目规划相结合的方式。实践前，由参训企业提出所面临的工程技术、技术路线、产品需求、企业管理与文化、财务规划等方面的技术难题，倡导工程技术由产业界向学术界转化，面向对象发布项目指南，双向选择，带着问题去实践。实践后设立《北京化工大学青年教师深入企业行动计划》项目，以建成的实践基地为平台，探索多样化的合作形式，比如校企间的数据库互借制度、设备资源共享等，促进双赢，推动建立双方合作长期机制。

要打造一支科研能力强、工程素质高的高校青年教师队伍，需要学校管理层的全局规划和统一协调，通过完善人才引进和考评机

制、搭建校内外工程实践培训平台以及建设新型产学研合作模式等方式促进青年教师的工程素质培养，有序推动教学改革，拓宽和丰富高校人才培养思路，最终实现培养高素质工程应用型人才的目标，为我国实现由制造大国向制造强国的转变提供后备人才。

参考文献：

[1] 张炳生．现代工程及其特征探析 [J]．苏州大学学报（哲学社会科学版），2007，(1)：116—118.

[2] 张炳生，管春英．对提升工科院校教师工程素质的思考 [J]．江苏高教，2010，(2)：91—92.

[3] 谭天伟，于颖等．高校青年教师工程实践的探索与启示 [J]．北京教育（高教），2015，(4)：30—32，49.

[4] 张宇庆．高校青年教师工程素质培养路径探索 [J]．中国电力教育，2014，(2)：207—208，214.

注：文章原载于《高等工程教育研究》（CSSCI），2016 年第 3 期，30—34 页。

日本工程教育专业认证的现状及特点初探

摘　要： 作为制造业大国，日本的工程教育专业认证现状及特点值得关注。1999 年，日本工程教育认证委员会正式成立，2001 年开始进行本科层次的专业认证工作。本文通过对日本工程教育专业认证基准的介绍、近年来工程教育专业认证项目的特点等相关内容的梳理与分析，对日本工程教育专业认证的总体状况与特点加以探讨。

关键词： 日本；工程教育；JABEE

工程科学技术在人类文明的进程中一直起着巨大的推动作用，高等工程教育作为工程科技人员培养的主渠道，担负着为国家培养工程技术高级专门人才的重要任务，为工程科学技术的发展不断提供着新鲜的动力。随着 21 世纪以来高科技产业的迅速发展，生产方式的迅猛改变，以及经济全球化进程的不断加快，发达国家无不把培养第一流的工程技术人才放在重要的地位，这同时也深刻地改变了传统的高等工程教育，使其国际化趋势逐渐凸显。

工程教育专业认证作为工程师认证制度的基础，已被美、英、德等多个发达国家采用并贯彻实施，例如美国早在 1932 年便成立了美国工程技术认证委员会（The Accreditation Board for Engineering and

Technology，ABET），主要从事独立的第三方工程教育认证和工程师注册工作，由31个工程专业技术协会组成，旨在代表广大的工程专业技术协会开展工程教育专业认证，推动工程、技术及应用科学教育的改革与创新，同时分专业开展工程师注册，以便确认工程师进入各工程领域从事实践活动的资格；在英国，高等教育质量保证机构（QAA）将专业认证和工程师资质鉴定统一委托给ECUK（Engineering Council of United Kingdom）负责，ECUK是经皇家特许的权力机构，在国内负责对各工程专业进行管理，在国外代表英国工程师的利益，它的重要使命就是为工程师、工艺师和技术员制定专业能力和职业道德的国际性标准，并授权工程师学会确保和提高这一标准[1]。

随着工程教育专业认证纷纷在各工业强国落地生根，工程教育专业认证的国际互认也早已成为注册工程师资格国际互认的前提。迄今为止，世界范围内有六项关于工程教育学历或从业资格互认的国际性协议，其中有三项是关于高等工程教育学位（学历）互认的协议，具体包括《华盛顿协议》《悉尼协议》和《都柏林协议》。其中，签署时间最早、缔约方最多的是《华盛顿协议》（Washington Accord），它是世界范围内知名度最高的工程教育国际认证协议。该协议是1989年由美国、加拿大、英国、爱尔兰、澳大利亚和新西兰等六个国家的民间工程专业团体代表所在国家和区域签订的国际性协议。该协议承认缔约方所认证的工程专业（主要针对四年制工科本科专业）具有实质等效性，认为经任何缔约方认证的工程专业的毕业生均达到了从事工程师职业的教育要求和基本素质标准。截至2012年，在《华盛顿协议》的二十个缔约方（包括正式成员和临时成员）中，日本于2005年加入该协议，并成为成员中第一个非英语的国家或地区，从而让《华盛顿协议》更好地体现了国际化。与美、德两国不同，身为制造业强国的日本，它的高等工程教育专业认证工作开始得较晚。日本高等工程教育专业认证工作开始于20世纪末期，日本工程教育认证委员会（JABEE，Japan Accreditation Board for Engineering Education）成立于1999年11月19日，它与工程协会（技术类协会）紧密合作，进行工程教育项目的审查与认定，它是一个非政府组织，现任会长为木村孟。日本工程教育认证委员会，日文为日本工程技术人员认定机构（日本技術者認定機構），即我们所说的高等工程教育认证机构。该机构自2001年开始开展本科层次的工程教育的专业认证，2007年开始进行硕士层次的工程教育专业认证。2004年年底，日本接受并通过该机构认证的专业涉及97所学校的186个专业及其毕业生18000人，2001年至2009年，日本接受并通过该机构认证的专业涉及163所学校的424个专业，其培养的毕业生逾12万人。[2] JABEE认证已经成为日本工程教育进行质量管理的主要评估手段。

一、日本工程教育专业认证基准的变化及特点

为了顺利进行高等工程教育改革，世界各国根据本国工程教育发展的状况，借鉴他国工程教育发展的经验，参照国际高等工程教育发展的趋势，不仅颁布了一些相关的法律与规范，而且制定了相关的认证标准。

日本学者大中逸雄认为，所谓工程教育，主要是指运用数理科学、工程技术科学、信息科学等相关知识和手段，预见对社会和自然的影响，对人类的生存、福利、安全的必备体系进行研究、开发、制造、运用、保全的专业高等教育。它不仅包括工科教育，还包括理学教育、农学教育等，是一个广泛的概念[3]。所谓日本工程（技术者）教育认证制度，是指大学等高等教育机构所开设的工程教育

课程，其培养的人才是否符合社会的要求须由外部机构对其进行公正的评价，对于达到一定水平的教育课程予以专业认定（Professional Accreditation）的制度。

2010 年 JABEE 出台的认证标准主要包括本科层次、研究生层次这样两个工程教育认证标准。本科层次的工程教育认证标准主要包括“建立和公开学习与教育目标”“课程的定量要求”“教育手段”“教育环境与学生支援”“学习与教育目标的达成”“教育改善”等六个方面的标准。研究生层次的认证标准与本科层次的相比，仅缺少了“课程的定量要求”这个方面，主要包括五个方面的标准。在学分方面，本科层次要求至少达到 124 个学分，而研究生层次仅为 62 个学分即可。在内容方面，研究生层次的新版认证基准与旧版（2007 年的版本）相比并没有变化；而本科层次的新版认证基准与旧版相比发生了一些改变：例如在学生课程的面授学时方面由 1800 学时减为 1600 学时，在课程方面还突出强调了“促进学生的主体性学习，保证学生充足的自我学习时间”；在学生的学籍转入等问题方面，做出了较为具体的规定，“关于转校生或插班生的学籍转入，接收专业必须具有具体可行的接收程序与办法，与该专业相关的师生应了解这些程序，转校生或插班生的学籍转入的过程必须严格遵守这些程序”，等。总体来看，与旧版的标准相比，新版的本科层次的认证标准更为完善，从学生的角度考虑进行了部分调整与修改，更为人性化。

二、日本工程教育专业认证项目的分析及特点

2009 年度 JABEE 本科层次的认证工作涉及了 16 个相关技术领域、81 个专业学会。2009 年度本科课程的认证结果表明，122 个课程（其中新课程为 15 个）通过了认证。自 2001 年至今，已有 163

所学校的424个课程通过了认证，毕业生已累计达到了12万人。在通过认定的课程中，国立大学及公立大学230个课程，私立大学122个课程，高等专门学校71个课程，大学校1个课程。[4]其专业领域涉及机械、土木、工学、化学、电气电子信息通信、建筑、农业工学等众多领域。

下面，我们以2007—2009年的本科层次工程教育专业认证的课程为例，分析其所呈现出来的特点。从表1中我们可以看到，与2007年相比，2008年的认证课程无论从领域还是从项目的数量上来看，都处于迅速增加的态势。而2009年，除了“电气、电子、信息通信及其相关领域”的认证课程的数量为5个之外，其他领域通过认证的课程数量均有所下降。与2007年相比，2008年新增的认证领域包括森林及森林相关领域、农学一般相关领域、经营工学相关领域、农业工学相关领域、材料及材料相关领域这几个领域。而“农学一般相关领域”仅2008年认证的课程数量就达到了5个。除此之外，建筑学、土木这两个领域2008年的认证课程的数量也达到了8个。从表1中，我们也可以看到，自2001年开展本科层次的专业认证以来，认证的领域迅速增加，所涉及的领域广泛，包括化学及化学相关领域、机械及机械相关领域、建筑学及建筑学相关领域等十几个领域，而认证课程所涉及的学校包括名古屋工业大学、大阪工业大学、三重大学、名城大学等多所大学。[5]

从表2中我们可以看到，与本科层次相比，目前，日本研究生层次的工程教育专业认证开展得还不是很充分。自2007年JABEE开展硕士层次的专业认证以来，所涉及的专业还仅仅停留在建筑学、物质化学、物质工学等几个专业，所涉及的大学也仅仅包括静冈大学、龙谷大学、千叶大学、早稻田大学等。

表1 2007—2009年日本工程教育专业认证课程一览表 （单位：个）

领域＼年度	2007	2008	2009
环境工学及其相关领域			2
生物工学及生物工学相关领域	1		
森林及森林相关领域		1	
农学一般相关领域		5	
经营工学相关领域		1	
物理、应用物理学相关领域	1	1	
建筑学及建筑学相关领域	3	8	1
工学相关领域	2		
农业工学相关领域		1	
土木及土木相关领域	3	8	2
信息及信息相关领域	1	4	2
电气、电子、信息通信及其相关领域	1	5	5
材料及材料相关领域		2	1
机械及机械相关领域	3	4	2
化学及化学相关领域	4	4	

注：斜体部分是2008年新增的认证领域，其他部分是2009年新增的认证领域。

资料来源：日本工程技术人员教育认定机构（日本技術者教育認定機構）[EB/OL] http://www.jabee.org/OpenHomePage/jabee3.htm 2010-03-20.

表2 JABEE认证审查硕士课程认证一览表

年度	领域	认证的教育机构	研究科	课程名称
2007		静冈大学 大学院	工学研究科	物质工学专业 化学系统工学课程
2007		龙谷大学 大学院	理工学研究科	物质化学课程
2008	建筑学及建筑学 相关领域	千叶大学 大学院	工学研究科 建筑与都市科学专业 建筑学课程	建筑设计、 规划课程
2008	建筑学及建筑 学相关领域	早稻田大学 大学院	创造理工学研 究科建筑学专业	建筑艺术课程

资料来源：日本工程技术人员教育认定机构（日本技術者教育認定機構）［EB/OL］http：//www. jabee. org/OpenHomePage/jabee3. htm 2010－03－20.

三、日本高等工程教育专业认证的特点分析

从日本工程教育专业认证标准的变化、近几年来认证项目的特点等相关资料，我们可以看到，成立于1999年的日本工程教育认证委员会，自2001年开展本科层次的认证、2007年开展研究生层次的专业认证，取得了比较显著的成果，目前已涉及163所学校、424个专业，其毕业生已经超过12万人。总体来看，日本的高等工程教育专业认证呈现出如下一些特点。

（一）本科层次的认证开展的较充分，研究生层次有待加强

从查阅相关资料，我们可以看到，本科层次的专业认证无论从总体认证标准的出台、认证标准的内容，还是具体学科可操作性的标准，与研究生层次的相比，都要相对具体与完善。例如，研究生层次的认证工作目前仅出台了总体的认证标准，落实到学科层面的具有操作性的标准，就目前来讲，仅有建筑学及建筑学相关领域。

具体学科的认证标准欠缺，这对于开展较为充实、完善的研究生工程教育专业的认证工作，是存在一定难度的。

（二）参加的学校数量不少，著名大学参与少

正如国内学者所指出的那样，由于东京大学、京都大学等知名大学存在着教师缺乏危机意识，自认为他们的教育质量优异而不屑于参加认证[6]，并且像东京大学等知名学府即使不参加认证，也能保证优秀的生源，而且毕业生就业压力不大。正是由于种种原因，虽然参加认证的学校数量已经达到了 163 所，但其中著名院校寥寥无几，仅有东北大学、名古屋大学、早稻田大学等几所大学的部分专业，而其余大部分为工业类高等院校。

（三）认证标准的内容简单明了，专业的名称与国际接轨尚待时日

虽然研究生层次的具体认证标准还不是十分齐备，目前来讲，只有建筑学的具体标准已经出台，但是，从总体标准来看，无论是本科层次还是研究生层次，相关的认证标准内容简单明了，可操作性强。尤其是本科层次的认证标准，无论是总体标准还是各学科的具体标准，从学分数量要求、课时数量的要求、学生的学籍转入等各方面均有具体的规定，从而使认证工作落实到实践层面有章可循，切实地保证了认证工作的顺利开展。但是，正如国内学者指出的那样，由于日本的大学中许多工程专业的名称经常冠以“科学”字样，这与国际惯例不相一致，故而也给认证工作带来了一定的不便。[7] 日本的大学是个比较封闭的体系，正如日本学者米泽彰纯所说，日本的高等教育改革整体处于全球学术改革的十字路口。因为日本从空间距离上远离北美与欧洲，由于地理位置的限制，日本的学术始终处于世界学术发展的边缘。[8] 从某种角度来说，学科、专业的名称也反映出了一定的问题。而与此相对，加入华盛顿协议的大部分国家，

对于名称中没有出现“工程”字样的专业是不被纳入认证范畴的。

虽然，与美、英、德等国家相比，日本的高等工程教育专业认证工作开展的还不是十分完善，但是，与我国相比，日本已经先于我国迈出了一大步。自1999年以来，日本的高等工程教育专业认证工作已经取得了较大的成果，积累了比较丰富的经验，对我国开展工程教育的认证工作具有较大的参考与借鉴价值。

四、对我国的启示

工学是我国高等教育中最大的学科门类，根据教育部公布的《普通高等学校本科专业目录（2012）》，我国目前在普通高校开设了31类工程类本科专业，共计169个工科专业，占所有学科专业总数的33.4%。2011年，我国普通本、专科工科招生人数约为263万人，在校人数约为869万人，毕业生人数为237万人，毕业生人数约占毕业生总人数的40%。建立具有国际实质等效性的中国高等工程教育认证制度已经愈来愈成为教育界、工程界的广泛共识。

从1994年起我国首次在土木工程专业进行与国际规则接轨的认证工作，二十多年来，认证工作取得了长足发展：2006年，由教育部和中国科协牵头，带领18个部门参与，相继在清华大学等8所高校的机械工程与自动化等4个专业进行开始了工程专业认证的试点工作。同时，教育部聘请了工程教育界和企业界专家，组成了全国工程教育专业认证专家委员会和若干专业的认证分委员会，还在教育部下设全国工程教育专业认证监督与仲裁委员会。[9]2007年初步建立起工程教育认证的组织体系，正式出台了《全国工程教育专业认证标准（试行）》等系列文件，并且完成了在26所高校近80个专业领域的认证试点工作。[10]我国教育部所实施的“卓越工程师培养计划”，也是促进高等工程教育质量全面提升的重要举措。“卓越计划”旨在通过教育和行业、高校和企业的密切合作，以实际工程为背景，以工程技术为主线，着力提高学生的工程意识、工程素质和工程实践能力，培养造就一大批创新能力强、适应企业发展需要的多种类型优秀的工程师，形成具有中国特色的高等工程教育新模式。

此外，我国也正在积极申请加入相关国际互认协议，这是提高我国高等工程教育人才培养质量的重要保证。目前，全国工程教育专业认证专家委员会也已着手与华盛顿协议组织建立了一定的联系。显然，从 2006 年以来，我国的工程专业认证工作取得了长足的进展，已经稳步走上与国际惯例接轨的快车道。[11]

但是，我们应该清醒地认识到，与日本短短几年时间内建立起完备的工程教育专业认证体系并迅速成为《华盛顿协议》成员国相比，我国从 20 世纪 80 年代就开始介绍并倡导工程教育认证，但到目前为止，我国工程教育专业认证体系无论从认证标准与程序的国际化程度、与国际相关认证机构的互认，以及与注册工程师制度的协调构建来看，都不尽理想。我国的工程教育专业认证工作仍任重道远。为此，本文提出下列建议与期望。

（一）加深对工程教育专业认证的认识

长期以来，我国没有工程专业认证，也没有工程师注册制度，对专业认证中存在的一些问题仍然认识不够，甚至存在较大的争议。“我国的工程学会一直只是学习型的学会（Iearning society），而且只有分学科的工程学会，一直没有一个总的工程组织。工程界和工程教育界对国际上通行多年的工程专业认证制度和工程师注册制度以及相关的国际互认问题，直到近年来才开始重视起来。”[12]甚至有学者认为，“对于工程师注册制度来说，工程专业认证不是必要的，只要申请人能通过注册考试就足够了，至于他们以前就读的学校和专业是否通过认证则无关紧要”[13]。在这种环境下，各高校对开展工程教育专业认证的积极性必定大大受挫。因此，加深对工程教育专业认证的认识、提高对其重视程度是当务之急。

（二）重视对工程教育专业认证标准的制定

通过对日本专业认证标准的分析可知，尽管日本研究生层次的认证标准还并不十分完备，但从总体来看，无论是本科层次还是研究生层次，相关的认证标准内容简单明了，可操作性强。其本科层次的认证标准，无论是总体标准还是各学科的具体标准均有具体的规定，从而使认证工作落实到实践层面有章可循，切实地保证了认证工作的顺利开展。相比之下，全国工程教育专业认证委员会秘书处公布的《全国工程教育专业认证标准（试行）》，分为通用标准和专业补充标准两部分，虽然形式上并无错漏，但是对通用标准每个一级指标下所含二级指标的划分来说，细致有余而简明不足，各部分的关联性也较弱，并不利于标准的施行[14]。但是，在借鉴日本的标准设置时，我们仍需注意，日本大学中的一些专业名称与国际惯例并不相符，这曾对其专业认证带来了些许的困扰，这一点，也是我国在制定相应的工程专业教育认证标准过程中需加以考虑的。

（三）保持与国际各工程教育专业认证机构的良好沟通

“经济的全球化和工程教育的国际化使各国工程专业认证趋于等效，各国的认证组织签订互认协议，相互承认彼此认证过的专业点及其所授学历、学位，是应运而生、势不可当的潮流，而一味拖拉的国家将被这种潮流席卷而下。”[15]国际社会工程教育认证的迅速发展已经不允许我们依然游离在国际社会之外了，因此，当前我们不仅要加快建立适合中国国情的工程教育认证制度，同时更应当考虑这一制度如何与国际惯例接轨。自 20 世纪 90 年代起，国家建设部成立的第一届全国高等学校建筑工程专业教育评估委员会（NB-CEA）便积极开展对外交流，与英国土木工程师学会、结构工程师学会以及它们的联合评估委员会等国外工程组织保持密切联系，双方签订了土木工程学士学位专业评估互认协议书，这份协议标志着我国土木工程专业评估初步实现了与国际接轨，并为我国工程学位获得国际教育界和工程界的认可打开了通道[16]。由此可见，主动走出国门，积极寻求并长期保持与国际相关认证机构的交流与合作，是我国工程教育认证机构走向世界的一个主要途径。

（四）注重与注册工程师制度的良好衔接

工程师的执业注册制度是对从事与人民生命、财产和社会公共安全密切相关的从业人员实行资格管理的一种专业资格注册制度，不同于一般的技能型认证。按照国际惯例，工程师的注册一般要达到三个要求，即所谓的“3E”：教育（Education）要求，经验（Experience）要求和考试（Examination）要求，而教育要求就是要求注册申请人持有从经过认证的高等教育机构的专业点得到的学位。可见，作为注册工程师制度的前提和基础，工程教育认证从一开始就注定要伴随着注册工程师制度的实施而进行，其认证制度的制定上也务求与之相适应。这同时也将对高校的专业设置和教育教学模式带来不小的挑战，并将突出体现在对学生实践能力和职业素养的培养方面。因此，工程教育专业认证应从从高校这一源头开始把关，提升办学层次，注重教育质量，严格按照注册工程师的标准进行专业培养，为注册工程师制度的顺利开展打好基础。

五、结语

当前，我国正处于经济高速增长时期，为了培养具有中国特色的社会主义事业发展急需的工程技术人员，促进我国工程建设项目的跨国交易和人员交流，提高我国工程技术领域的核心竞争力，建立与健全工程教育专业认证体系是当务之急。放眼世界，除日本以外，即使同在亚洲的韩国和我国台湾地区，近几年也都迅速融入了国际体系，相继成为《华盛顿协议》组织的临时会员，相比之下，我国认证体系的建立历程可谓迟缓。然而，按照《华盛顿协议》的要求，临时会员可以在两年之后申请成为正式会员，而成为正式会员后就拥有了“一票否决权”，就能够决定其他临时会员能否成为正式会员。[17]由此分析，时间越久，我国工程教育认证机构参与国际交流与互认的困难系数必将加大，形势不容乐观。我国唯有迅速行动，吸取日本等国家的成功经验，立足自身国情，严把高等工程教育质量关，在认证标准的设置与认证体系的构建上精益求精、力求完善，并以积极开放的态度与国际各认证机构开展合作与沟通，建立起一套成功的工程认证与注册制度，才不至于在工程技术领域激烈的国际竞争中落后。正如毕家驹教授所言，工程教育专业认证的道路上，“早这样做的国家早受益”[18]。

参考文献：

［1］张晓琴．美、英、德工程教育认证的比较与借鉴［J］．高教发展与评估．2007（1）：84.

［2］2009 年度认证项目的情况［EB/OL］summary2009（100519）．http：//www. jabee. org/OpenHomePage/q&a0204 – 0509. htm 2010 – 06 – 30.

［3］日本技術者教育認定制度の現状と展望［EB/OL］．http：//www. jabee. org/OpenHomePage/q&a0204 – 0509. htm 2010 – 03 – 30.

［4］日本技術者教育認定機構［EB/OL］http：//www. jabee. org/OpenHomePage/jabee3. htm 2010 – 03 – 20.

［5］2009 年度认证项目一览表［EB/OL］2009program_ list，

http：//www. jabee. org/OpenHomePage/jabee3. htm 2010－03－20.

［6］［7］袁本涛，王孙禺. 日本高等工程教育认证概况及其对我国的启示［J］. 高等工程教育研究. 2006（3）：64.

［8］马万华. 研究型大学建设：拉美与亚洲国家高等教育政策取向［J］. 清华大学教育研究，2007（2）：102.

［9］［11］毕家驹. 中国工程专业认证进入稳步发展阶段［J］. 高教发展与评估. 2009. 25（1）：4.

［10］朱永东，叶玉嘉. 美国工程教育专业认证标准研究［J］. 现代大学教育. 2009（3）：49.

［12］［13］毕家驹. 中国工程专业认证进入稳步发展阶段［J］. 高教发展与评估. 2009（1）：3.

［14］全国工程教育专业认证委员会秘书处. 全国工程教育专业认证标准（试行）［G］//全国工程教育专业认证委员会秘书处. 工程教育专业认证工作手册. 2007.

［15］［18］毕家驹. 走华盛顿协议的路［EB/OL］. http：//www. tongji. edu. cn/～bijiaju/. 2005－08－29.

［16］李茂国，张彦通，张志英等. 工程教育专业认证：注册工程师认证制度的基础［J］. 高等工程教育研究. 2005.（4）：18.

［17］李汉邦，韩晓燕，庄灵等. 台湾高等工程教育专业认证的现状及启示［J］. 国家教育行政学院学报. 2009. 138（6）：61.

注：文章原载于《化工高等教育》（中文核心期刊遴选数据库），2014年10月（第5期），第32卷。

校企高端合作，培养创新型工科博士

摘　要：进入21世纪以来，校企联合培养博士研究生的模式已经逐渐得到了大学和企业的认可，发展比较迅速。北京化工大学在校企联合培养工科博士研究生方面进行了探索，并取得了一定成效，实现了学校、企业与博士研究生的共赢。在项目持续性、提升博士研究生的科研水平等方面仍有待改进与完善。

关键词：校企合作；联合培养；博生研究生

随着全球化的不断推进，象牙塔中的大学已经逐渐从边缘化的社会角色转变为中心角色，其与社会、经济、文化之间的关系也不断密切。美国著名学者杰里米·里夫金（Jeremy Rifkin）在《第三次工业革命》中预言，一种建立在互联网和新能源相结合基础之上的新经济即将到来，当今世界正面临第五次科技革命和第三次工业革命的重合期，科技创新与企业和经济发展的关系比以往任何时候都更加直接和密切，创新与突破将创造新的需求与市场[1]。作为知识的生产者与传播者，现代的大学不断创造崭新的知识与技术，培养前瞻性、高水平的专业技术人员，在提升国家竞争优势的过程中扮演着日益重要的角色。博士生教育是现代教育体系中最高级、最具专业性的教育形式。在提升竞争优势的过程中，企业将目光锁定在人才与科研，着眼于博士生教育，吸引高素质、富于创新的科研人员，从而不断提升自身的科研水平与创新能力，彰显其国际竞争实力。作为21世纪高水平的研究型大学，必将以让每一位学生学有所成为己任，为创新型高水平科研人才的成长营造良好的氛围，为民族的振兴贡献力量。

一、博士研究生培养模式的转变

随着时代的变迁和全球化的不断推进，博士研究生的培养目标与培养模式也随之发生了一些改变。美国哈佛大学教授波特（Michael E. Porter）认为，国家竞争优势的核心是：一国兴衰的根本在于国际竞争中是否赢得优势，不仅强调一国所有行业和产品参与国际竞争，并要形成国家整体的竞争优势……在创造性资源中，最为关键的是知识和人力资源，这二者更新换代的速度极快，需要积极和严格的更新方法，以保证一国经济健康的发展。[2]简而言之，国家竞争优势的提升过程中，人才是关键因素。2006年《商业周刊》的一份调查数据显示，72%的高级管理者将创新作为其三个最优先的战略之一，而且理由很充分，从历史上的经验来看，没能保持创新的企业最终都会分崩离析，走向毁灭。[3]具有创新思维的高水平技术人才的培养，迫切呼唤博士研究生培养模式的转变。职业博士课程模式、校企联合办学模式、国际合作模式，是目前博士生培养的三种主要办学模式，其中，校企联合培养博士研究生模式倍受关注。

二、北京化工大学博士生培养模式的历史与现状

北京化工大学创办于1958年，是教育部直属全国重点大学，国家“211工程”和“‘985’优势学科创新平台”重点建设院校，肩负着高层次创新人才培养，基础性、前瞻性科学研究以及原创性高

新技术开发的重要使命。作为一所颇具行业特色的多科性重点大学，目前，北京化工大学已经形成了从本科生教育到硕士研究生、博士研究生、博士后流动站以及留学生教育等多层次的人才培养格局。[4]目前，学校设有化学工程与技术、环境科学与工程、材料科学与工程等多个工科类一级学科博士点。自建校以来，尤其是自改革开放以来，北京化工大学已培养了近千名博士研究生，为国家培养了众多高水平技术人才。化学工程学院是北京化工大学的核心学院之一，始建于1958年。改革开放后，进行了院系调整，从而成立了化学工程系。自1984年获得博士学位授予权、1988年设立化学工程与技术博士后科研流动站以来，历经近30年的发展，我校的化学工程学院已逐渐成为我国化工高水平科技人才培养以及开展高水平科学研究的重要基地之一[5]，在我国知名大学同类院系中位居前列。

在学科建设方面，化学工程学院设有化学工程与技术一级学科博士点和环境科学与工程一级学科博士点；化学工程和环境工程2个工程硕士专业领域；化学工程与工艺、环境工程和能源化工3个本科专业，形成了“学士—硕士—博士”完整的人才培养体系。在导师队伍方面，化学工程学院拥有一支以院士、长江学者和国家杰青为核心的，学术造诣深、富有创新精神的中青年学科带头人队伍，师资力量雄厚。在专任教师中，博士生导师有60余人，正副高级职称教师有100余人，其中，具有博士学位的中青年教师占教师总数的80%左右[6]。在“教育改革与创新，构建高水平的人才培养体系”这一目标的指导下，经过多年的建设，化学工程学院已取得丰硕成果，成立了国家化学工程教学团队、国家级“化学化工教学实验示范中心”和北京市高等学校“化工实验教学示范中心”。学院各专业也呈现出良好的发展态势，化学工程与工艺已成为国家级特色专业，能源化学工程成为首批国家战略性新兴产业本科专业和国家级特色专业，环境工程专业成为北京市特色专业。

三、北京化工大学校企合作培养工科博士生模式的实践与探索

北京化工大学化学工程学院针对本科生、硕士生、博士生开展了不同层次的校企联合培养，前两者为校企联合培养博士打下了坚实的基础。

1．校企合作培养工科博士生模式的实践与特点

首先，本科生校企联合培养：打好基础。培养计划方面。化学工程学院人才培养的目标定位是培养“大化工拔尖创新人才”。据此，学院在培养方案制定和课程体系设置过程中，更加鼓励个性发展，激发学生科研兴趣。一方面，压缩专业必修课学分，减少方向过细、过专课程，形成了“基础+X”型培养方案（“X”是专业领域内较为前沿、实用性较强的课程，甚至是其他专业课程）。另一方面，开设研讨课。邀请学术名家、科研新锐、长江学者以及“杰出青年”基金获得者等，为本科生开设研讨课，着重介绍专业领域的学术前沿问题，拓展学生们的研究视野，培养其深入探究的兴趣。

培养实践方面。2007年，化学工程学院开始酝酿、着手调研，2010年，正式实施“化学工程与工艺专业卓越工程师计划”，建立“化工实验班”。在学校统一领导和部署下，由化学工程学院“国际与工程教育部”管理，单独建班，实施“校企双导师制”，在统一制定的培养计划框架内，由学生和导师共同商榷制定个人培养计划，最终由学院协调和确定。“实验班”的学生遴选工作遵照严格的程序开展，包括初选、笔试和面试三部分，重点考查学生的工程应用、创新潜质、社会责任感以及成为工程技术和管理人才的志向等。目前已招生四届学生，共计128名，分别来自“化学工程与工艺专业”（含“理科教改实验班”分流学生）和“环境工程专业”。

其次，硕士校企联合培养：有针对性的培养。硕士层面的校企联合培养实践主要表现为工程硕士，例如目前和我校开展合作的企业包括燕山石化、湖南省化工医药设计院、河南煤业化工集团等。简而言之，主要是采用“订单制”培养模式，将企业需要解决的实际技术问题与人才培养相结合，有针对性地培养企业所需的高水平技术人才，真正发挥校企合作培养工科研究生的优势。与学术硕士不同，工程硕士的培养在培养计划、培养实践、课程学习以及毕业论文选题等方面均具有一定的独特性，实践性、应用性及创新性必将贯穿工程硕士培养过程的始终。

再次，博士校企联合培养：以高层次创新人才为培养目标。近年来，北京化工大学在产学研合作培养高层次人才方面开展了有益的探索与实践，包括与企业建立战略合作联盟、组建协同创新平台等，取得了长足发展，促进了学校与社会的全方位融合，提高了教育教学质量。自2006年起，北京化工大学先后与风神轮胎股份有限公司、山东道恩集团有限公司、无锡市宝通带业投资有限公司、北京燕华建筑安装工程有限责任公司、北京燕山石油化工有限公司、大连橡胶塑料机械股份有限公司、联想（北京）有限公司、北京世纪迈劲生物科技有限公司、山东鲁抗医药股份有限公司、西门子（中国）有限公司、中国化工装备总公司、北京奥星恒讯包装科技有限公司、中国寰球工程公司等多家企业建立了校企合作关系，创建了多个校外人才培养基地，将博士研究生送到校外进行联合培养。

在与相关企业合作培养博士研究生的过程中，一方面，让学生充分接触生产实践，了解生产实践的真实情况，充分利用相关企业的实验室与生产车间，获得有效实验数据，为完成毕业论文创造一定的条件，有效提升毕业论文的实用价值，从而真正地实现理论与实践相结合；从高校指导教师的层面来讲，在与校外指导教师的沟通过程中，也更好地了解了生产实践的实况，为今后科研工作的开展提升了针对性与有效性，增加了与企业合作的机会；另一方面，从企业来讲，可以通过高校的实验室与图书馆，乃至通过与高校师生的合作，了解学科与行业发展的国际动态与科研前沿，在参与培养研究生的过程中，也在一定程度上实现了吸引人才、扩大科研队伍的目的。对高校与企业来说，可以说是达到了双赢的目的。

除此而外，自2012年以来，我校还开始对青年教师及优秀博士生进行工程实践能力提升的新探索。具体而言，我校人事处每年选派四十余名青年教师及部分优秀博士生深入企业一线（大约组成3—4个工程实践团）进行为期一个月的工程实践能力培训。参训教师及博士生在培训过程中力求将理论与实践进行紧密结合，在了解企业需求与发展方向的同时，个人知识体系也得到进一步丰富与更新，有效地促进了青年教师及博士生教学实践能力和科研创新能力的提升，为未来教学和科研的开展提供了宝贵经验。

2. 需要改进之处

通过对若干名我校博士生、青年教师以及企业方面的相关人员进行访谈，我们发现校企联合培养博士还存在一些问题，具体如下：

（1）项目的持续性。校企双方联合培养项目中，要考虑到学校和企业的双重目标，学校要实现对人才的有效培养，而企业要根据自己的发展需求来选拔优秀人才，在适合的岗位进行锻炼与培养。短期来看，校企双方在人才培养方面会达成一致目标，但是长期来看，联合培养博士研究生项目至少需要持续三到五年的时间，周期较长，在此过程中，校企双方的联合培养的兴趣与方向可能发生分歧，具体培养内容和方式可能出现不一致的情况，此外人才工程和科研经费投入、经费保障等也可能有所调整。因此，在实际培养的过程中，校企双方联合培养项目中途废止事件时有发生，确保长期合作关系不会中断并非易事[7]，项目的持续性是校企联合培养项目的风险点之一，对于高水平人才的可持续发展来说是一大挑战。

（2）博士研究生科研水平的提升可能会受到影响。一方面，大学是本着追求真理、探究科学世界的宗旨，而企业是以营利机构的身份参与到校企合作培养博士研究生的项目中来的，这就导致了高校与企业之间的分歧。例如，企业内部涉密的先进技术与资料，出于市场竞争的考虑，高校师生是较难触及的。假若博士研究生经过反复科学试验，在技术领域有所创新和突破，此时可能又会出现科研成果的出版与知识产权等方面的争议。在校企合作的过程中，也曾经出现大学与企业均推卸自己的责任，或校内校外两位指导教师意见不一致，从而让学生在从事科研工作的成长过程中缺乏必要的指导，从而影响博士研究生的科研水平。如何让高校与企业在合作培养博士研究生的过程中找到一个最佳契合点？这将是今后亟待探讨的问题之一。

随着大学社会角色的转变，劳动力市场对于高素质人才的需求日益增加，校企联合培养博士研究生日趋成为一种较为普遍的人才培养方式。北京化工大学结合自身的研究特色，在校企联合培养工科博士研究生方面进行了有效的探索与实践。目前，校企联合培养模式尚处于探索过程中，相关环节仍有待进一步深入研究与完善。我们将在今后的探索过程中，不断积累经验，力求探索一种培养高水平创新人才的有效方式，为“中国梦”的实现贡献力量。

参考文献：

［1］［美］杰里米·里夫金．张体伟，孙豫宁译．第三次工业革命——新经济模式如何改变世界［M］．北京：中信出版社．2012．前言部分．

[2]［美］迈克尔. 波特. 李明轩，邱如美译. 国家竞争优势［M］. 北京：中信出版社. 2012.

[3]［美］安尼什. 乔普拉. 何正云译. 国家创新［M］. 北京：中信出版社. 2015. 51.

[4] 北京化工大学简介［EB/OL］. 中国高校之窗. http：//www. gx211. com/collegemanage/collegecontent126_01. shtml，2015-12-19.

[5][6] 北京化工大学化学工程学院［EB/OL］. 中国高校之窗. http：//www. gx211. com/news/2015319/n8094246245. html，2015-12-19.

[7] 王正青. 欧盟国家校企联合培养博士的策略与经验［J］. 学位与研究生教育，2011（12）：58—62.

注：文章原载于《中国大学教学》（全国中文核心期刊），2016年第7期，12—15页。

02

比较教育与高等教育

日本《比较教育学研究》中的研究动向及特点分析

摘　要:《比较教育学研究》是日本比较教育学会的会刊，通过对其刊载的研究成果的分析，梳理与总结日本比较教育学的研究动向与特点，以期对我国比较教育学科建设有所助益。

关键词: 日本；比较教育学研究；地域研究

自1965年日本比较教育学会成立以来，日本的比较教育学研究者拥有了属于自己的独立的研究领域，也拥有了属于自己的学会组织。1975年，日本比较教育学会的会刊《比较教育学研究》创刊。随着日本比较教育学会不断发展壮大，会员们著述颇丰，可谓是硕果累累。下面，将以日本比较教育学会的会刊《比较教育学研究》及《学会会员论文及文献一览》所刊载的文章为中心来分析“二战”后日本比较教育学的研究动向及特点。

一、《学会会员论文及文献一览》中的研究动向与特点

日本比较教育学会为了较好地把握国内比较教育学的研究动向，特编辑了三期《学会会员论文及文献一览》，分别于1967年、1980年及1993年编辑出版。第一期的《学会会员论文及文献一览》主要

编辑的是日本20世纪60年代前后发表在日本国内期刊上的比较教育学相关文章。由于资料所限，本文将只针对第二期与第三期加以分析。如表1所示，第二期《学会会员论文及文献一览》主要编辑的是1980年以前的论文及文献，我们可以看到，在2274篇（部）论文及文献中，国家及地区的研究依然居多，为1511篇（部）。在国别及地区研究中，日本、美国为最多，下面依次为英国、德国、法国。我们可以看到，日本比较教育学研究者的研究已经涉及中近东、西亚、中南欧、大洋洲等地，关于非洲的研究也有3篇，可以说，这是研究地域扩大的表现。另外，虽然在亚洲研究方面总体数量不少，但是与欧美等国相比仍相去甚远。可见这一时期，欧美等发达国家的研究所占比重依然最大。

进入20世纪90年代，日本的比较教育学研究又呈现出了新的变化。在《会员研究论文及文献一览》（第三期）中对1980—1992年日本比较教育学会会员的业绩进行了统计，所收录的论文及文献达到了2470篇（部）。[1]日本比较教育学研究所涉及的地域已逐步扩展到了几十个国家和地区。其中研究最多的是：美国、英国、法国、德国、前苏联和中国，研究最少的地区是非洲。而日本学者关注较多的是教育制度及教育政策，其次为高等教育。此外，日本学者的研究呈现出一个显著的变化，即对异文化教育、国际理解教育、留学生教育、少数民族教育等方面的研究愈加重视。

表 1 《会员研究论文及文献一览》(第二号) 研究状况一览表

(单位：篇)

研究内容（数量）	国别及地区（数量）	研究对象为第三世界的情况（数量）
比较教育学的原理及方法论等（114） 教育思想及人物研究（166） 教育文化交流（留学生、归国子女的问题等）(117) 比较研究（2 个国家以上）(361) 国家及不同地区研究（1511）	日本 (346) 美国 (346) 英国 (208) 德国 (120) 法国 (105) 苏联 (83) 中近东、西亚 (15) 非洲 (3) 中南欧 (16) 大洋洲 (11)	中国 (35) 韩国及朝鲜 (54) 东南亚 (47) 印度、南亚 (55) 中南美 (33)

资料来源：日本比较教育学会编．日本比较教育学会 40 年的历程［M］．东京：东信堂．2004. 25.

二、日本《比较教育学研究》中的学术研究动向

众所周知，《比较教育学研究》是日本比较教育学会的会刊，创刊于 1975 年，每年发行一期。关于刊载在《比较教育学研究》的论文所反映的研究动向，日本学者曾进行过一些较为深入的分析。今井重孝教授曾指出，通过对日本比较教育学会会刊文章的分析（1980—1989），从研究的对象国来看，如表 2 所示，美国、英国等发达国家占绝对优势，而关于东欧及非洲的研究毫无触及[2]；从研究所涉及的问题来看，涉及最多的为道德教育，其次为教育政策，而职业教育、社会教育关注较少。如表 2 所示我们可以看到，在这一阶段国别研究中，美国与英国依然占据优势，韩国及朝鲜、中国等亚洲国家也很受重视。深受 20 世纪 80 年代教育国际化浪潮的影响，教育文化交流方面的论文也有 8 篇之多。国内学者高益民在其

文章中对20世纪90年代前半期的中日比较教育学的研究动向进行了比较。他在文章中指出了日本比较教育学者对方法论的重视及有志于创建“日本独自的研究方法及研究框架”的决心[3]，他认为，日本的学术研究存在一定的功利性。在国别研究方面，20世纪90年代前半期日本关于欧美发达国家的研究依然超过研究总数的30%，而这种情况是与日本“教育借用”的功利性紧密相连的。这一阶段的显著变化表现为对发展中国家的关注，尤其是对亚洲教育极为重视。在问题研究方面，学者高益民认为，20世纪90年代前半期，日本比较教育学者关注最多的是比较教育学方法论的问题；此外，对多文化教育的关注也是一个重要特征[4]。

表2 《比较教育学研究》（1980—1989年）刊载论文一览表

（单位：篇）

研究内容（数量）	国别及地区（数量）	研究对象为第三世界的情况（数量）
比较教育学的原理及方法论等（3） 教育思想及人物研究（3） 教育文化交流（留学生、归国子女的问题等）（8） 比较研究（2个国家以上）（9）	日本（8） 美国（23） 英国（12） 德国（7） 法国（8） 加拿大（3） 前苏联（3） 中南欧（2） 大洋洲（2）	中国（6） 韩国及朝鲜（7） 东南亚（7） 印度、南亚（1） 中南美（1）

资料来源：日本比较教育学会编．日本比较教育学会40年的历程［M］．东京：东信堂．2004. 44—52.

如表3所示，与20世纪80年代相比，90年代以来日本比较教育学者研究的内容更重视比较教育学的原理及方法论，以至于论文达到32篇之多。在这一阶段的国别研究中，虽然美国依然有19篇，但是显然已经失去了遥遥领先的优势。而对德国、中国等国的研究有了飞速的发展。在地区方面，对东南亚及大洋洲的研究数量增加的非常迅速，可见，日本研究者对这些地区的关注程度极高。另据论文统计，自1989—1998年这10年间，以东南亚地区为研究对象的论文有18篇，约占论文总数的20%。其中刊载最多的是1995年，共计有5篇论文是关于东南亚研究的。[5]20世纪80年后半期以来，不仅个人研究和共同研究中关于东南亚研究不断增多，连相关著作也纷纷涌现，例如西野节男、服部美奈等学者的著作。这表明，随着全球化的推进，日本的研究者已经更多地将目光投射到了亚洲、大洋洲及非洲等地。

如表4所示，根据学者北村友人的统计，日本《比较教育学研究》（当时名为《日本比较教育学会纪要》）自1975年创刊以来，所刊载的论文涉及欧美、亚太、非洲以及阿拉伯等地区。从表4中，我们可以看出，自1995年以来，日本学者开始关注非洲地区及阿拉伯各国。与此相反，涉及美国、日本等国的文章在逐渐减少；而涉及中国的文章数量甚至超过了涉及日本的文章数量。在地域研究方面，涉及的地区及国家都在不断增加，如对伊斯兰文化圈、拉美以及大洋洲的关注。在亚太地区的研究方面表现得更是十分明显，1995年以来，研究所关注的国家包括泰国、印度尼西亚、印度、马来西亚、孟加拉、菲律宾、新加坡、尼泊尔、越南、新西兰等国，研究对象进一步扩大。

表3 《比较教育学研究》（1991—2005年）刊载论文一览表

（单位：篇）

研究内容（数量）	国别及地区（数量）	研究对象为第三世界的情况（数量）
比较教育学的原理及方法论等（32） 教育思想及人物研究（4） 教育文化交流（留学生、归国子女的问题等）（3） 比较研究（2个国家以上）（16）	日本（5） 美国（19） 英国（14） 德国（14） 法国（5） 加拿大（1） 苏联（3） 瑞典（3） 中南欧（2） 大洋洲（11） 非洲（2）	中国（16） 韩国及朝鲜（3） 东南亚（29） 印度、南亚（4）

资料来源：日本比较教育学会编．日本比较教育学会40年的历程［M］．东京：东信堂.2004.53－61.

表4 日本《比较教育学研究》刊载论文涉及国家的地域分类

（单位：篇）

	1—10号（1975—1984年）	11—20号（1985—1994年）	21—30号（1995—2004年）
非洲			加纳 1 肯尼亚 1 坦桑尼亚 1
阿拉伯各国			叙利亚 1 黎巴嫩 1

续表

	1—10号（1975—1984年）	11—20号（1985—1994年）	21—30号（1995—2004年）
亚太	日本 30 韩国 9 泰国 4 印度 1 澳大利亚 1 朝鲜 1 菲律宾 1 马来西亚 1	日本 15 中国 8 马来西亚 5 泰国 4 韩国 4 印度尼西亚 4 澳大利亚 3 印度 2 新加坡 2 菲律宾 1 新西兰 1	中国 11 澳大利亚 7 日本 6 泰国 6 印度尼西亚 5 印度 4 马来西亚 3 孟加拉 2 菲律宾 2 韩国 1 朝鲜 1 新加坡 1 尼泊尔 1 越南 1 新西兰 1
欧洲、北美	美国 26 英国 12 德国 7 苏联 5 法国 4 瑞典 4 加拿大 1	美国 25 英国 12 德国 9 法国 8 苏联 6 瑞典 4 加拿大 2 意大利 1 荷兰 1 瑞士 1	美国 15 英国 12 德国 11 法国 6 俄罗斯 3 加拿大 1
地域研究	东南亚 3 亚洲 1 东亚 1	中南美 2 欧美 1 东南亚 1 澳大利亚地区 1	亚洲 1 欧洲 1 拉美 1 大洋洲 1 东南亚 1 伊斯兰文化圈 1

资料来源：北村友人．比较教育与开发研究的关联［J］．比较教育学研究．2005. 246.

三、日本《比较教育学研究》中的学术研究特点分析

经过分析，我们可以看出日本比较教育学的学术研究具有如下一些特点：

（一）积极关注亚非拉的教育问题且研究重点向亚洲转移

近年来，日本比较教育学界积极关注亚非拉的教育问题，并且研究重点向亚洲转移。其中一个突出的表现即为亚洲教育研究的数量急剧增加。仅以关于东南亚地区的研究来看，在日本比较教育学会的大会发表中，其论文数量从 1988 年的约占总数的 7% 上升到了 1998 年的 26%。[6] 作为 20 世纪 90 年代以来日本比较教育学研究的显著动向，涉及亚洲（尤其是东南亚）、大洋洲国家及地区的教育问题的研究论文急剧增加。其中很多研究是地域研究，因而日本学者认为，处理好比较教育学研究与教育之间的问题是今后应该深刻研讨的问题。[7] 如表 4 所示，随着日本比较教育学研究领域的扩大，比较教育学研究的对象不再仅限于“国家”的范畴，而且不再仅限于欧美等发达国家，而是扩大到了亚洲、大洋洲、非洲、拉丁美洲等其他国家及地区。而且，关于亚非拉教育问题的研究不断增加。日本自明治时代以来的“教育借用自发达国家”的旧观点正在成为过去时。日本比较教育学研究者对亚洲教育的研究表现出浓厚的兴趣始于 20 世纪 80 年代中期，此后亚洲教育研究的数量迅速增加。细究其缘由，日本比较教育学会前会长马越彻教授认为，由于日本研究者对亚洲国家及地区日益浓厚的研究兴趣、亚洲各国的开放政策以及日元升值为日本研究者提供了考察的机会等原因，为亚洲教育研究的增加创造了机会。[8]

（二）重视地域研究

1990 年，日本学者市川昭午曾在文章中写道，日本比较教育学

研究仍处于基础阶段[9]。他认为具体表现在如下几个方面：大量介绍特定国家的教育情况及教育理论；仅仅罗列若干国家的国别报告但并不比较；研究外国教育的学者缺乏对本国教育的关心，缺乏解决日本教育问题的意识，从而导致日本比较教育学研究的贫困。学者佐佐木毅也指出，日本的比较教育学研究虽然称之为比较教育学研究，实际上“比较研究”只是其中的一小部分[10]。尤其是学者个人的研究中“比较研究”只占少数，而学会会刊上登载的论文多数为外国教育研究。近年来，这种状况已经屡次遭受质疑。针对日本比较教育学研究贫困的状况，马越彻教授认为原因在于日本研究者缺乏构建宏观理论的志向和缺乏真正的地域研究，他认为地域研究是比较教育学研究的基础研究[11]。针对研究基础薄弱的状况，90 年代以来，日本比较教育学界采取了一系列的措施，并提出了重视地域研究的做法。正如日本比较教育学会前会长石附实教授所描述的那样，近年来日本比较教育学研究的特点是“与比较研究相比，地域研究应该占据优势”[12]。由此可见，日本比较教育学界对地域研究的重视。在重视地域研究的影响之下，地域研究成果不断涌现，近年来平塚奖的获奖作品均为地域研究成果。

（三）研究方法的转变

早在 20 世纪 60 年代，关于今后比较教育学研究的方法论课题，小林哲也认为，比较教育学研究将逐步走向科学化[13]。在研究方法上，日本比较教育学研究者已经进行了有益的尝试。日本比较教育学界 1990 年前后对比较教育学研究现状进行了深入反思。日本比较教育学会前会长马越彻教授认为日本比较教育学研究存在着一系列的问题[14]。他认为，在研究风气上存在着不深入实地而只满足于运用二手资料的问题；在研究方法上，以前一直都是历史法、文献法占主导，今后应该多引入社会学、人类学的研究方法，并应该更加重视实地调查或称之为田野研究的研究方法。在进行比较教育学研究时应注意选择自己感兴趣的主题，实地考察的研究方法是十分重要的，并且要求研究者应掌握当地的语言。

学者今井重孝认为，近年来日本比较教育学研究出现了“独特的研究方法”，具体表现在广岛大学比较教育学研究室及中岛直忠等人的国际调查比较研究、国际交流及异文化间交流研究、大阪市立大学研究小组的文化志比较研究等[15]。作为今后的比较教育学研究的课题，他认为，应在不同的切入点及文化志的研究方法的基础上，进一步开拓新的研究方法。考察日本比较教育学研究者的研究动向，我们不难发现，20 世纪 90 年代以来，在具体的研究方法上，日本学者越来越注重亲赴现场进行实地调查研究。尤其是年青一代的学者们积极远赴海外，并在当地进行长时间的资料收集及田野考察，从而进行相关研究，这一倾向已经愈加明显。在地域研究方面，可以说这是一个令人欣喜的变化。日本比较教育学会前会长石附实教授认为，通过实地考察，与实际教育情况进行深入接触，从而进行研究论文的撰写，对于拓展日本比较教育学研究的深度与广度都是十分有益的[16]。

结语

著名的西班牙学者何塞·加里多（Jose Luis Garcia Garrido）认为：“在亚洲国家中，比较教育无论在教育水平还是在研究水平上有了较大发展的，无疑是日本。”[17]的确，历经了四十几年的风雨，日本比较教育学研究逐渐走向成熟，研究者队伍不断发展壮大，日本比较教育学会已经从最初只有 94 名会员（其中学生会员 12 名），发展壮大为已经拥有 800 多名会员的这样一个较大的学会组织。然而，在研究者队伍不断壮大、学术著作层出不穷的背后，日本比较教育学的学术研究正面临着一个潜在的隐忧与困境。理论研究和方法论层面难有创建、学科潜在的发展危机是日本比较教育研究者挥之不去且必须直面的棘手问题，同时这也是新时期发展中日本比较教育学研究者一直在苦苦思索对策的问题。但是，我们也可以看到，应对全球化的挑战，日本比较教育学研究者正在不断地进行自我反省与反思，积极探索突破困境、消除隐忧的有效对策与途径，例如在研究方法上有所转变、对地域研究的重视等。

参考文献：

［1］［日］佐々木毅．比較教育学の理論と方法［J］．『比較教育学研究』.1994.7.

［2］［日］二宮晧．比較教育学－30 年の成果と展望［J］．『比較教育学研究』.1995.167.

［3］［4］高益民.1990 年代前半における比較教育学研究動向の中日比較［J］．『名古屋大学教育学部紀要』.43 巻発行：名古屋大学教育学部.1996.168.

［5］［日］村田翼夫、渋谷恵．比較教育学と地域研究（1）［J］．『比較教育学研究』.1999.56.

［6］［7］［日］渋谷英章．地域教育研究の可能性－「地域教育事情」からの脱皮－［J］．『比較教育学研究』.2001.16.

［8］［11］［14］［日］马越彻．日本亚洲教育研究的方法与课题［J］．高益民译．比较教育研究.1997（1）.12.13.12.

［9］［日］市川昭午．比較教育再考－日本的特質解明のための比較研究のすすめ［J］．『比較教育学研究』.1990.5.

［10］［日］佐々木毅．比較教育学研究の回顧と展望－日本［J］．『比較教育学研究』.1991.208.

[12] [16] [日] 石附実. 教育学研究における比較・国際教育学の役割 [J]. 『比較教育学研究』. 1999. 18.

[13] [日] 小林哲也. 最近の比較教育学の動向とその課題 [J]. 『教育学研究』. 33 巻第 3 号. 発行: 日本教育学会. 1966. 2.

[15] [日] 今井重孝. 比較教育学方法論に関する一考察—「一般化」志向と「差異化」志向を軸として—. 『比較教育学研究』. 1990. 19.

[17] [西] 何塞・加里多著. 比较教育概论 [M]. 万秀兰译. 北京: 人民教育出版社. 2001. 68.

注: 文章原载于中国教育学会比较教育分会第十五届年会 (杭州) 论文集, 2010 年 10 月。

日本比较教育学地域研究的现状及特点

——基于对日本比较教育学研究者的访谈

摘　要：地域研究自20世纪六、七十年代前后引入日本比较教育学界以来，经过了80年代的发展，至90年代出现了具有代表性的著作，地域研究成果不断涌现。本文通过对多位日本比较教育学研究者访谈的整理与分析，进而对地域研究的现状与特点进行尝试性的探讨。

关键词：日本；比较教育学；地域研究

自1965年以来，日本比较教育学研究有了空前的发展。然而，在研究者不断增加、研究成果层出不穷的背后，日本比较教育学自身正面临着一个前所未有的困境[1]。日本比较教育学界曾试图采取一系列措施来改变目前比较教育学所面临的困境。尤其是针对日趋严峻的比较教育学研究基础弱化问题，日本比较教育学界的学者们曾多次进行深入的探讨与分析，提出了多项较为合理、可行的建议，其中一项重要的建议便是加强“地域研究”（area studies）。最早提出这一观点的是日本比较教育学会前会长、樱美林大学马越彻教授，他认为，正是地域研究的薄弱导致了日本比较教育学研究的不成熟[2]。有鉴于此，我们针对日本比较教育学研究中地域研究的历史、现状等相关问题，集中对日本比较教育学多位研究者进行了访谈，接受访谈的研究者均为日本比较教育学会的成员，他们研究的对象国包括韩国、印度尼西亚、马来西亚、泰国、柬埔寨、菲律宾、中国等[3]，访谈时间为2008年6月至10月。

一、日本比较教育学中的地域研究

针对日本比较教育学研究的边缘化趋势，日本比较教育学会的众多学者一致认为应加强“地域研究”，让地域研究在比较教育学研究中逐渐成熟。对于地域研究的含义，学者涉谷英章是这样描述的：“所谓地域研究，是指采用实地调查（field）等研究方法进行的教育研究”。[4]学者竹熊尚夫在其文章中认为，“地域研究”是比较教育学研究必要的基本训练。[5]马越彻教授认为，所谓地域研究，首先是从地域出发，这个“地域”，既可以以民族国家（nation state）为单位，也可以指包括复数国在内的地理空间（东南亚、南美等）或文化圈（伊斯兰等），同时也可以是某一国家之内的地理空间（州或省）或文化圈（某一民族区域或宗教区域等）。进而言之，地域研究是在一定的空间、时间的组构中整体把握对象，这与以往的学科体系是大不相同的[6]。正如学者中村光男所说，地域研究的目的在于，根据地域的地理、历史状况，针对地域内的实际情况，全面而系统地收集资料与信息，把握研究地域的总体特征，进而预测该地域未来的发展动向。[7]随着全球化进程的日益推进，地域研究的单位不再仅仅局限于“国家”。与其他学科相比，比较教育学更关注对国家及地区教育现象的分析，学术性及跨学科综合性更强。学者前平泰志则认为，当今的地域研究早已超越了个别地域的框架，向综合性的地域研究转换[8]。然而，目前日本比较教育学界缺乏真正的地域研究。细究其中，我们不难发现，地域研究具有的一个特质，即研究者始终处于局外人的位置。作为局外人来开展相关研究工作能否准确把握该研究地域的教育特点及深藏于背后的文化因素与民族因素，这对于研究者来说是一个重大的考验。如何在保持“局外人”的研究视角与准确把握研究当地的深层次的文化因素之间找到一个恰当的平衡点？这是每个比较教育学研究者必须深入思索的问题。作为比较教育学研究的基础性研究，如此的两难境地让地域研究举步维艰，从而难以成熟。

二、研究对象的转变与地域研究的引入

受访的研究者认为，“二战”以前，日本的比较教育学研究主要关注欧美等国的教育制度，并且描述性的研究居多（村田翼夫、服部美奈等学者）；“二战”以后，日本的比较教育学研究者关注的目标与兴趣点发生了改变，他们开始关注亚洲，尤其是关注东南亚，此外还有几位研究者开始关注非洲地区。日本比较教育学研究者认为研究对象的转变是由于如下一些因素。马越彻教授认为，主要是以下几个因素：研究者对发展迅速的亚洲国家和地区的兴趣；亚洲部分国家的开放政策；日元升值使日本研究者可以容易地赴对象国进行实地调查等几个因素。此外，对东南亚地区的关注，主要是由于研究者被东南亚多样文化的魅力所吸引；而青年研究者对亚洲、非洲等地区的关注，则多数是受到了其导师的影响（其导师的研究主题为中国研究或泰国研究）。20 世纪 90 年代以来，对非洲的研究逐渐增多，马越彻、村田翼夫、服部美奈、西野节男、大塚丰等学者认为这主要是得益于教育开发与援助的理念。对东南亚地区教育的广泛关注，村田翼夫、西野节男、杉本均等学者认为，这主要是由于受到“二战”后来自亚洲的留学生增多、国家之间的交流广泛等因素的影响。

受访的研究者一致认为，九州大学的比较教育研究机构是日本最早开展地域研究的机构。马越徹教授等研究者认为，20 世纪 70 年代，绫部恒雄（研究对象国为泰国）、西村重夫、西村俊一等学者是早期开展地域研究的学者；20 世纪 80 年代末期，村田翼夫（研究对象国为泰国，筑波大学）、石附实（大阪大学）等学者积极推进地域研究的开展。此后关于地域研究的成果不断涌现，文章方面主要包括：中园优子的《泰国识字教育的特质与问题》（1991）、小川佳万的《中国少数民族高等教育政策》（1994）、服部美奈的《近代女子伊斯兰教育的产生与开展》（1995）、铃木康郎的《战后泰国华人学校的特质》（1996）等。著作方面主要包括：西野节男的《印度尼西亚的伊斯兰教育》（1990）、竹熊尚夫的《马来西亚的民族教育制度研究》（1998）、市川诚的《菲律宾的公立教育与宗教》（1999）、服部美奈的《度尼西亚的近代女子教育——伊斯兰改革运动中的女性》（2001）等。受访的多数研究者认为，最早提倡开展地域研究的学者为马越徹教授，马越徹教授等多数学者认为，日本比较教育学界第一本极具代表性的地域研究成果为西野节男的著作《印度尼西亚的伊斯兰教育》（1990）。日本比较教育学界对于推进地域研究是不遗余力的，采取了各种积极与有效的措施，例如日本比较教育学会的最高奖——平塚奖近年来均颁发给开展地域研究的青年学者，以鼓励更多的年轻学者开展地域研究。

三、研究方法的多样化与地域研究的开展

20 世纪 90 年代以来，随着地域研究的逐步开展，作为重要研究方法的实地考察法越来越受到研究者的重视。日本研究者针对世界各国的各种教育现象、教育实际情况，在当地进行深入而广泛的实地考察和准确的资料收集，从而进行调查研究。长时间在某一个国

家或地区进行实地调查研究，对于比较教育学研究来说，尤为重要。无论几位学者合作进行多国之间教育问题的比较，还是学者个人进行某一文化圈的教育问题的深入研究都需要对问题进行一定程度的实地考察。它有助于比较教育学研究者从全球的视野把握世界教育动向，突破时间、语言、方法等方面的局限，对教育实际问题进行准确地分析与研讨。我们从 19 届平塚奖的获奖论文中不难发现，有多篇论文都是在进行较长时间的实地考察的基础上撰写而成。例如学者服部美奈的《印度尼西亚的近代女子教育——伊斯兰改革运动中的女性》一文，就是作者在当地两年半的学习及实地考察的基础上撰文而成。受访学者均认为，开展地域研究具有一定难度。学者杉本均认为，与地域研究不同，比较研究一般是侧重横向比较，而地域研究是将某一个教育问题挖深挖透，即进行较为深入的研究，他认为，正如马越彻教授所说，地域研究是开展比较教育研究的基础性的研究，是“比较教育学研究必要的基本训练”。日本文化人类学者中村光男曾说，进行地域研究应具备熟练掌握当地语言的能力、运用当地语言进行资料收集与调查、重视田野调查与当地的生活体验、关注研究的现状、对于以往的研究成果具有批判性等几方面的条件[9]。学者马越彻、村田翼夫认为，开展地域研究对研究者的要求极高：当地语言的掌握、在当地开展田野调查的能力（深入了解当地的社会背景与文化）等。在运用田野调查法开展地域研究的过程中，田野调查法与既存理论哪个更重要？如樱井由躬夫所指出的那样，运用田野调查法深入调查研究所取得的结果是要验证既存理论？还是要构建崭新的理论框架？在日本比较教育学界，这些问题还有待于进一步讨论[10]。

四、学科理论的不成熟与地域研究的推进

关于日本比较教育学研究中的理论研究，受访的研究者一致认为，与亚洲的其他国家相似，日本的比较教育学理论研究依然比较薄弱，迄今为止，尚未构建独自的理论框架与研究范式。究其原因，受访的研究者认为，第一，与日本研究者的研究特点有关。日本比较教育学研究者自明治以来，一直存在着“理论学自欧美”的误区，即马越彻教授所说的历史原因。又如学者服部美奈所说的那样，日本研究者自身的研究特点，即研究中过分关注细节、研究视野狭小等过于关注事例研究的特点也间接地导致了理论研究成果较少。第二，比较教育学科身份的问题。与中国相似，比较教育是否是一门学科，在日本比较教育学界一直存在争议。直至“马越时代”（即马越彻教授担任日本比较教育学会会长的时期：2001—2004 年），比较教育作为学科才最终得以确立，故而对理论研究的开展与成熟也产生了一定的影响。近年来，在学界的鼓励与支持下，地域研究才得以不断推进。学者西野节男认为，学科理论作为研究的工具，必将随着地域研究的逐渐成熟而不断发展，也许在不久的将来，将会出现地域研究的理论专家。

五、地域研究的困境与日本比较教育学的未来

正如马越彻、村田翼夫两位教授所说，地域研究对研究者自身的要求极高，例如外语能力、田野调查等方面的能力。目前，日本比较教育学的人才培养模式能否满足地域研究对人才的需要？受访的研究者认为，目前，日本的文科博士学位依然难以取得，呈现出文科博士课程修毕后就业困难的趋势，比较教育学科也是如此。与中国相似，日本的比较教育学课程，本科阶段仅为培养学生的兴趣，

从硕士阶段开始进行系统的学习，开设文化人类学、教育人类学、研究方法等相关课程，在课程中纳入学界最新的研究成果，培养学生独立开展研究的能力。学者服部美奈认为，村田翼夫教授的人类学讲座（筑波大学）通过指导学生读书，让学生发现自己感兴趣的问题，这方面可资借鉴。名古屋大学的比较教育研究室通过设置课外讲座（番外ゼミ，开设于2004年）来增进教师与学生、学生之间的相互交流与学习，名古屋大学还设立比较教育学研究会，定期聘请比较教育学领域的知名学者参与其中，拓展学生的视野。学者羽谷纱织毕业于名古屋大学，她认为，名古屋大学的比较教育学研究会定期为学生提供赴海外研究考察的资金（每人次约为30万日元），积极鼓励年轻学者开展地域研究，从而有利于青年研究者的成长。但是，就日本全国的情况来看，多数大学对学生进行实地调查研究的训练开展的明显不足，多数日本学生对实地调查的参与程度受到了极大的限制和束缚，这着实令人遗憾。

从受访者自身的经历来讲，他们均有着相似的教育背景：教育学专业出身、具有教育学博士学位或修完博士课程、海外留学或研究的经历、深受指导教师的影响、对异文化的兴趣等。有的学者是由于修学旅行时的兴趣等偶然的原因，从而选择了比较教育学的研究之路。作为一名女性研究者，名古屋大学的服部美奈副教授，对文化人类学与异文化的兴趣让她走上了比较教育学的研究之路，对社会偏见的不满，让她克服重重困难毅然选择了女子教育作为研究对象，经过了在研究对象国长期的艰苦考察与钻研，她曾两度荣获日本比较教育学会的最高奖——平塚奖。通过对受访者的调查，我们还了解到东京大学、京都大学、九州大学、名古屋大学、广岛大学等大学比较教育学人才培养的状况。学科比较弱的学校，如学者市川诚所说，他所在的立教大学，比较教育学科比较薄弱，故而，他希望能够与其他实力较强的学校合作，联合培养地域研究所需的人才。总体来看，各所学校在人才培养方面水平参差不齐，多数学校的比较教育学科无论从课程设置方面，还是营造利于学生学术成长环境方面，与培养合格的地域研究者的目标还存在差距。

谈到地域研究的困境，除了地域研究所需人才的培养有待加强外，村田翼夫、西野节男、服部美奈、市川诚等学者还认为，由于语言的限制，日本学者还未能将现有的研究成果较好地推向世界；西野节男、羽谷纱织等学者认为，应提升地域研究的价值，正如马越彻、村田翼夫等学者所强调的那样，作为比较教育学研究的基础研究，地域研究应发挥其应有的作用；服部美奈、杉本均等学者认为，地域研究中的亚洲国家的研究具有明显优势，对拉美及非洲的研究应进一步加强；市川诚等学者认为，目前地域研究还比较零散、未成体系，应加大对研究成果的资助力度，进一步丰富地域研究乃至比较教育学研究的成果。如上所述，我们可以看到，为了让日本比较教育学走出困境，研究者们已做出了各种积极的努力。据统计，日本比较教育学会的会刊《比较教育学研究》自创刊以来的第三个10 年里，共发表了 29 篇关于地域研究与实地调查的文章[11]，不仅文章的数量有所增加，文章的质量也有所提高。

大塚丰教授在文中写道："在进行地域研究的过程中，研究者通过反复的对比，就能在自己本身的文化定位上把比较法作为中心点，能够从不同角度寻求解决问题的方法，即川田顺造教授称之为三角测量法……日本社会学者中根千枝也曾指出，研究者需在研究场所的选取上加以注意，如果是自己的出生地或成长地，在观察过程中从方法论上便不可避免地缺乏严谨性"。[12] 正如大塚丰教授所说，时至今日，虽然地域研究及开展地域研究所采用的实地调查法已经得到了学界的认可与重视，但是由于研究地域的选取、实地调查方法的精准运用等现实中存在的一些潜在复杂的因素，在一定程度上阻碍了地域研究的成功开展。尽管目前日本比较教育学研究中进一步开展地域研究尚有难度，人才培养等方面也存在着各种问题，但总体看来，将田野调查等研究方法引入比较教育学研究，开展地域研究，日本已经迈出了重要的一步。

参考文献：

[1] 详见于颖．试论日本比较教育学的边缘化特征［J］．比较教育研究. 2006（10）. 48.

[2]［6］［日］马越彻．日本亚洲教育研究的方法与课题[J]．高益民译．比较教育研究. 1997（1）. 13.

[3] 受访学者包括樱美林大学马越彻教授，名古屋大学服部美奈副教授、京都大学杉本均教授、京都女子大学村田翼夫教授、立命馆大学羽谷纱织副教授，名古屋大学中田有纪博士，立教大学市川诚副教授、名古屋大学西野节男教授、京都大学南部广孝副教授、广岛大学大塚丰教授（按访谈时间先后顺序），访谈地点分别为日本仙台、日本名古屋、日本京都、日本长野县开田、中国北京。

[4]［日］渋谷英章．地域教育研究の可能性－「地域教育事情」からの脱皮－［J］．［日］『比較教育学研究』. 2001. 16.

[5]［日］竹熊尚夫．比較教育学と地域教育研究の課題[J]．［日］『比較教育学研究』. 2001. 5.

[7]［日］中村光男．地域研究［J］．［日］松崎巌．国際教育事典．株式会社アルク. 1991. 481.

[8]［日］前平泰志．地域研究と文化研究［J］．［日］『比較教育学研究』. 2001. 220.

[9]［日］馬越徹．比較教育学——越境のレッスン［M］．東

信堂 . 2007. 54.

[10] [11] [12] [日] 大塚豊 . 方法としてのフィールド——比較教育学の方法論検討の一視点 [J] . [日] 『比較教育学研究』. 2005. 260 - 263.

注：文章原载于《比较教育研究》(CSSCI)，2013 年第 7 期。

试析日本比较教育学的学术研究动向及启示

摘　要：自1965年成立以来，日本比较教育学研究取得了令人瞩目的成绩。从平塚奖的获奖作品、日本比较教育学会年度大会的关注点、共同研究课题的主题变迁、年度大会个人自由发表的关注主题的变迁等几个方面对日本比较教育学的研究动向及特点进行初步的探讨与分析，以期对我国的比较教育学科建设有所助益。

关键词：日本；比较教育学；地域研究

任何一门学科都有其独特的学科理论，而任何学科理论都是在学术实践中逐步发展并完善起来的。比较教育学也是这样。自法国学者朱利安发表《比较教育的研究计划和初步意见》以来，比较教育学已经走过了近200年的历史。20世纪70年代以来，比较教育学走过了短暂的低迷岁月，重新焕发出勃勃生机，随着全球化进程的加快，比较教育学著作以及研究成果不断涌现，可以说，如今的比较教育学研究已是蔚为大观。同样，“二战”后日本比较教育学学科理论构建也是由无数次的实践积累而成的。其间日本比较教育学界经历了社会科学方法的冲击、比较教育学研究方法论争，研究方法的转换、研究地域重心的转换、研究基础弱化等一系列的考验，历经了40多年的风雨，日本比较教育学研究依然在执着地探索与前行。本文将从平塚学术奖的获奖作品所体现出来的研究动向、日本比较教育学会年度大会的关注点、共同研究课题的主题变迁、年度大会个人自由发表的关注主题的变迁等几个方面对日本比较教育学的研究动向进行初步的探讨与分析。限于篇幅所限，日本比较教育学会的会刊《比较教育学研究》中的研究动向与特点将另撰文加以分析，在此不再赘述。

一、平塚奖与日本比较教育学研究动向

为了纪念平塚益德教授，同时也是为了促进日本比较教育学的发展，培养国际化的日本研究者，为学会培养优秀的后备人才，1982 年，日本比较教育学会设立了平塚学术奖励基金。1990 年，在平塚基金的基础上，学会设立了比较教育学会平塚奖，以鼓励更多的年轻学者从事学术研究工作。这一奖项是日本在教育类学会中的首次尝试。平塚奖的设立对于比较教育学的研究者来说，尤其是对年轻研究者来说是一个极大的鼓励与支持。可以说，平塚奖是日本比较教育学界最高奖项，它是对年轻学者研究能力与研究水平的一个高度肯定。截至 2012 年，平塚奖总计评选出 20 篇获奖论文，通过对这些获奖论文的考察与分析，我们可以发现日本比较教育学研究具有如下的特点。

（一）研究者对亚洲教育的日益青睐

自 20 世纪 80 年代后期，日本社会悄然发生了一些变化，即逐渐从“脱亚”向“协亚”的回归。这一趋势反映在比较教育学的研究领域即是日本研究者对亚洲教育问题的关注。从表 1 中我们不难发现，1991—2012 年度平塚奖的获奖论文所涉及的国家包括中国、印度尼西亚、泰国、马来西亚、菲律宾、老挝、韩国、德国等国。除了德国和澳大利亚，其余的国家均属于亚洲，而且关于泰国及马

来西亚的研究论文均在 3 篇以上。这些论文研究遍及了亚洲国家的少数民族教育、女子教育、教育政策、中等教育、高等教育、留学生教育等教育的多个层面。

（二）研究方法更注重实地考察

比较教育学在与其他学科进行有益合作的同时，也保持了独有的特色。20 世纪 90 年代以来，作为重要研究方法的实地考察法（或称之为田野研究法）越来越受到研究者的重视。日本研究者针对世界各国的各种教育现象、教育实际情况，在当地进行广泛而深入的实地考察和准确的资料收集，从而进行国际比较与调查研究。长时间地在某一个国家或地区进行实地研究，对于比较教育学研究来说，无论是通过共同研究进行多国之间教育问题的比较，还是学者个人进行某一文化圈的教育问题的深入研究都是十分必要的。它有助于比较教育学研究者从全球的视野把握世界教育动向，突破时间、语言、方法等方面的局限，对教育实际问题进行准确地分析与研讨。我们从这 22 届平塚奖的获奖论文中不难发现，有多篇论文都是在进行较长时间的实地考察的基础上撰写而成。例如学者服部美奈的《印度尼西亚的近代女子教育》一文，就是作者在当地两年半的学习及实地考察的基础上而取得的研究成果。

（三）对少数民族教育愈加关注

正如日本学者杉本均所指出的那样，近年来，少数民族教育问题已经成为了日本比较教育学的一个核心研究领域[1]。通过表 1 我们也可以看到，在论文研究的问题一栏中有 6 篇获奖论文是关于少数民族教育问题的，足见日本比较教育学界对少数民族教育问题的重视。近年来，随着全球化进程的不断推进，各国教育问题的共同点及普遍性理应倍受瞩目，然而我们却惊讶地发现，与此同时各国自身社会及民族文化的差异性、多样性所带给教育的影响却更加倍受关注。在这6篇论文中所涉及的中国、印度尼西亚、马来西亚、老挝等均为亚洲国家，可见日本比较教育学者对亚洲的少数民族教育尤为重视。这些论文对少数民族教育中的女子教育问题、民族平等、民族差异、教育政策等均有涉及，对不同国家、不同社会背景下的少数民族教育从多个层面进行了深入的探讨与研究，其中也不乏对教育中的弱势群体及性别差异问题的关注。

表1 1991—2012年平塚奖论文分析一览表（单位：篇）

国别（论文数量）	问题（论文数量）
印度尼西亚（2） 泰国（3） 马来西亚（5） 中国（2） 菲律宾（1） 老挝（1） 越南（1） 孟加拉（1） 德国（1） 澳大利亚（1） 韩国（1）	少数民族教育（6） 女子教育（4） 中等教育（1） 高等教育（3） 留学生教育（1） 基础教育（2） 其他（4）

资料来源：日本比较教育学会平塚奖获奖记录．［EB/OL］http：//www-soc. nii. ac. jp/jces/archives. htm#04 . 2012 - 03 - 20.

二、日本比较教育学会年度大会研究主题所呈现的研究动向及特点

自1965年3月召开第一届年度大会正式宣告日本比较教育学会成立以来，年度大会作为日本比较教育学会的一项重要活动已经成功举办了45届（数据截至2004年）。年度大会为日本比较教育学者乃至国内外的教育学者营造了一个良好的相互交流、相互学习的氛围，为日本比较教育学研究的开展创造了有利的条件。毫无疑问，

自1968年在第四届年度大会上增设了课题研究以来，课题研究成为了此后历年年度大会的重要组成部分，下面，本文将通过对年度大会课题研究中主题变迁的梳理来对日本比较教育学研究的特点进行尝试性的探析。

如表2所示，日本比较教育学会的年度大会顺应时代的变迁来选择相应的研究主题，其研究课题的主题涉及比较教育学科理论、国际化与国际交流、教师教育、道德教育、中等教育、义务教育、高等教育等许多教育领域。对课题研究的主题选择带有明显的时代特色，如1965—1980年的主题较多涉及教育研究体制、教育传统与革新、幼儿教育、教育与宗教及国际理解教育。细究其中，我们不难发现，这种主题的选择趋向与当时的时代背景息息相关。20世纪50年代末期以来的世界教育改革的热潮并没有消散，世界各国对教育改革的热切期待导致了研究者对教育改革的关注，同时也反映了当时的课题研究主题深为国家意向所左右。

20世纪80年代以后，日本比较教育学会年度大会的主题发生了一些变化。在1981—1990年这10年中，年度大会课题研究的主题涉及比较教育学科理论、国际化与国际交流、教师教育、道德教育、义务教育与基础教育、教育课程、留学教育、高等教育以及教育个性化与自由化。我们不难发现，随着教育国际化的推进，有4年的研究主题都涉及国际化的问题，教育国际化一举成为80年代比较教育学研究的热点。随之而来的留学教育、教育个性化等问题也一时间倍受关注。与此同时，在世界各国加强基础教育的呼声下，义务教育与基础教育、教育课程的改革问题也相继倍受瞩目，分别有3年的课题研究主题关注这两方面的内容。另外，还出现了一个显著的变化，即高等教育问题被提上了日程，因此，有两年课题研究的主题关注这方面的问题。

20 世纪 90 年代以来的课题研究主题主要涉及比较教育学科理论、国际化与国际交流、教师教育、中等教育、少数民族教育、义务教育与基础教育、高等教育、多文化教育、社会主义教育、心的教育、教育开发等。仔细观察，我们不难看出，随着全球化的逐步推进，课题研究的主题愈加多元化，涉及的方面愈加广泛。如少数民族教育、多文化教育、社会主义教育、教育开发等新问题被提了出来，可以说，日本比较教育学会年度大会的课题研究已经涵盖了教育领域的方方面面。这阶段的一个显著特色就是对高等教育问题的关注急剧上升，有 6 年的主题关注高等教育。而且，对比较教育学科自身的反思与探讨也进一步深入，其中有 7 年的研究主题关注比较教育学科理论问题，可见，日本比较教育学者愈加关注学科自身的发展与完善。当然，对国际化问题、义务教育与基础教育的关注依然继续，而且在这一阶段还加入了中等教育。总体说来，1990 年以来日本比较教育学会年度大会课题研究的主题特点为：对比较教育学自身的课题以及研究方法的探讨；对国际性及全球性教育课题的关注；对特定教育领域及教育现象的比较等。细论其详，研究动向及特点主要表现为：

（一）这一阶段日本比较教育学研究的显著变化之一，即在研究中已经开始尝试进行理论分析，对比较教育学自身的课题与研究方法进行了一定的探讨。可见，日本比较教育学研究者对学科自身的发展与完善日益关注。

（二）第二个显著的变化为研究的对象国不再仅限于欧美等发达国家，研究对象开始涉及亚洲、大洋洲的国家及地区。我们可以发现，日本比较教育学会中以亚洲国家为研究对象的研究者逐渐增多，尤其是研究东亚及东南亚各国的学者逐渐增多。然而，对拉丁美洲及非洲等地区的教育问题仍没有学者触及。

（三）课题研究也发生了一些变化，如高等教育问题的研究显著增多。随着高等教育市场化、国际化潮流的急剧推进，越来越多的日本学者对高等教育问题及教育实践的课题抱有浓厚的兴趣。对基础教育、中等教育的研究主要是针对多文化、多样化的发展变化等情况进行相应的课题分析。随着冷战结束及世界格局的变化，社会主义教育也成为了比较教育学研究的一个重要课题。

三、日本比较教育学会共同研究主题所呈现的研究动向及特点

日本比较教育学会自成立以来广泛开展了学术领域的共同研究，在1965—1980年这一段时期，共同研究所涉及的科研主题包括高等教育、中等教育、教育研究体制、教师教育、道德教育等相关问题[2]。如表3所示，从1968年开始，日本比较教育学会共同研究的主题涉及高等教育、中等教育、教育研究体制、教师教育、道德教育等问题。可以说，1980年以前的共同研究主题具有鲜明的时代特色。世界各国对教育改革的重视，促使日本比较教育学研究者对教育问题的关注，可以说，这一阶段的研究主题的选定深受国家及提供资金援助财团的影响，从而具有一定的功利性。

表2　年度大会研究课题变迁一览表（未完）　　（单位：次）

主题 / 年度	比较教育学科理论	国际化与国际交流	教育研究体制	教育传统与革新	教师教育	道德教育	幼儿教育	中等教育	少数民族教育	教育与宗教
1965—1980	2		3	1	2	1	2	1		1
1981—1990	2	4			1	1				
1991—2004	7	1			1			2	1	

资料来源：日本比较教育学会编．日本比较教育学会40年的历程［M］．东京：东信堂．2004. 17—61.

年度大会研究课题变迁一览表（续上表） （单位：次）

主题 / 年度	义务教育、基础教育	教育课程	留学教育	高等教育	教育个性化、自由化	多文化教育	国际理解教育	社会主义教育	心的教育	教育开发	其他
1965—1980							1				
1981—1990	3	3	1	2	1						
1991—2004	3			6		1		2	1	1	3

资料来源：日本比较教育学会编．日本比较教育学会40年的历程［M］．东京：东信堂.2004.17—61.

1980年以后，随着教育国际化的逐步推进，学会的共同研究主题也选择了“教育国际交流与援助”等具有时代特色的问题。此外，还开展了涉及比较教育学科特性的自身理论与实践的相关课题研究，即以“比较教育学的授课调查”为主题的研究。此后，高等教育又再一次成为了共同研究的主题。并且，在世界各国加强基础教育的呼声中，义务教育也成为了共同研究的主题。至此，日本比较教育学会的共同研究已经涉及了初等教育、中等教育、高等教育这几个教育阶段的问题，研究领域的扩大以及研究课题具有时代特色是这一阶段的主要特点。

表 3　日本比较教育学会共同研究主题一览表

起止时间	研究主题
1968—1969 年	大学制度的比较教育学综合研究
1971—1974 年	主要国家中等教育改革动向的综合研究
1974—1977 年	推进教育改革与教育研究体制的综合研究
1977—1980 年	教师教育改革的综合比较研究
1978—1981 年	道德教育基本动向的综合比较研究
1981—1984 年	教育国际交流与援助的比较研究
1983—1986 年	比较教育学的授课调查
1984—1986 年	入学者的多样化与高等教育体系的结构变化比较研究
1989—1991 年	各国义务教育内容改定动向的比较研究
1991—1993 年	教育风俗的比较文化研究
1993—不详	构建比较国际教育信息数据库
1994—1997 年	大学评价的综合比较研究
1996—1998 年	多文化教育的综合比较研究
1997—2000 年	日本教育对亚洲各国的影响的实证比较研究
2000 年	东南亚各国国民统合与教育——多民族社会的纠纷
2001—2003 年	中等学校的多样化及个性化政策的国际比较研究
2001—2003 年	教育行政及新公共管理的理论与实践的比较研究
2002 年	亚洲各国教育国际化的综合比较研究
2002—2003 年	亚洲各国应对全球化的高等教育改革战略比较研究
2002—2004 年	亚洲各国中等及高等教育市场化的实证研究
2002—2005 年	中等学校的多样化及个性化的国际比较研究
2002 年	从英国教育困难校的再生政策看公共教育政策的转换
2003 年	学校与企业的合作项目的国际比较调查研究
2003 年	家长参与学校工作的国际比较研究

续表

起止时间	研究主题
2004—2007 年	公私协动与网络化教育运营援助体系构建的国际比较研究

资料来源：日本比较教育学会编．日本比较教育学会 40 年的历程［M］．东京：东信堂．2004. 17—61.

1990 年以来，随着世界格局的变换，共同研究的主题更加多样化。随着全球化的逐步推进，日本比较教育学研究者对亚洲国家及地区的教育问题日益关注，这一变化也明显地反映在共同研究的主题中。如“日本教育对亚洲国家的影响”“亚洲各国教育国际化”“亚洲中等及高等教育市场化”等都成为了共同研究的主题。此外，研究主题还涉及了教育风俗、大学评价、多文化教育、英国教育政策、家长参与学校教育、学校与企业的合作等相关问题，从而使共同研究主题更加多元化。

此外，日本国立教育政策研究所国际研究合作部所涉及的课题也体现出了类似的特点。如表 4 所示，2000 年以来，日本国立教育政策研究所国际研究合作部所涉及的课题包括了从宏观到微观多个层面的问题，从教育政策、全球化冲击下的教育改革具体到中等教育、家长参与活动、授课时间等学校教育实际中的问题，可见，教育实践的问题日益受到重视。另外，该研究合作部所研究的课题除了接受文部科学省（简称文科省）委托的课题外，其自主研究的课题更突出了国际性与时代性。

表 4　国立教育政策研究所国际研究合作部课题研究一览表

起止时间	课题名称
2001 年	英国中等教育的再编研究
2001 年	家长参与学校活动的国际比较研究
2002 年	国际化政策评价方法的调查研究（文科省委托）
2001—2003 年	OECD 教育指标的动向与评价
2002—2003 年	学校授课时间的国际比较调查（文科省委托）
2003 年	全球化冲击与教育改革的相关研究
2003 年	各国留学生教育机构的定位等问题的调查研究（文科省委托）
2002—2005 年	东亚地区早期教育的现状与课题

资料来源：国立教育政策研究所广报．日本国立教育政策研究所（内部资料）. 2001—2005.

四、日本比较教育学会年度大会自由发表的数量及主题变迁的特点

在日本比较教育学会的年度大会上，“自由发表”① 一直是年度大会的一个重要组成部分。如图 1 所示，1965 年前后，自由发表的数量一直保持在 4、5 篇，而到了 1980 年，自由发表的数量已经徘徊在 20 篇左右了。由于 1980 年日本比较教育学会成功举办了第四届世界比较教育大会，从而有力地促进了日本比较教育学研究的发展。1981 年年度大会的自由发表数量一举突破了 30 篇，而 1986 年，自由发表的数量又突破了 40 篇。1981—1990 年这一阶段的自由发表中，关于亚洲教育问题的报告数量自 1983 年以后一直保持在 11 篇左右，可见日本比较教育学研究者对亚洲教育的重视。而 1990 年以来，年度大会上自由发表的数量又实现了新的超越。1993 年的自由

① “自由发表”是指与会者在日本比较教育学会年度大会上自由发表论文。

发表数量一举突破了60篇，此后一直保持在60篇左右，直到2002年又一次突破了80篇，而2003年自由发表的数量更是达到了历史上的最高点——95篇。随着日本比较教育学研究者的不断增加，年度大会上的自由发表数量也不断攀升，这一方面反映了关注比较教育学研究的学者不断增加，另一方面也反映了日本比较教育学研究者的独立研究水平不断提高。

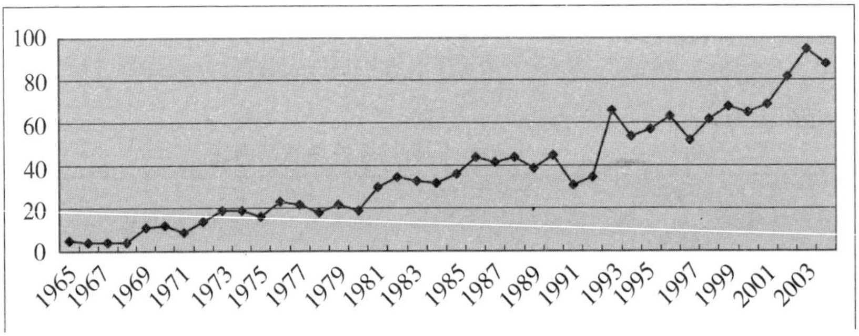

图1　日本比较教育学会年度大会自由发表数量变化图（单位：篇）

资料来源：日本比较教育学会编．日本比较教育学会40年的历程［M］．东京：东信堂．2004．17—61.

从年度大会上自由发表所涉及的内容来看，可以发现，日本比较教育学研究者研究的领域不断扩大，1993年年度大会上的自由发表内容涉及比较教育学理论、学前教育、初等及中等教育、高等教育、多文化教育、异文化教育、教育交流史、亚洲教育史、开发与教育、中国教育等，其中多文化教育问题引起了众多学者的关注。而在自由发表中关于亚洲教育的研究也不断增加，1991年的年度大会上自由发表为31篇，其中关于日本的10篇，北美的13篇，欧洲的8篇，而关于亚洲、大洋洲及拉丁美洲的共计只有6篇。而1993年的自由发表中关于亚洲、大洋洲教育的研究迅速增加，甚至有赶超欧美之势。而且，在年度大会的自由发表中，留学生会员及海外会员不断增加，增强了日本比较教育学会年度大会的国际性。

总之，历经了四十几年的风雨，日本比较教育学会逐渐走向成熟，同时，它也为日本比较教育学界及教育学界培养了大批的人才。正如著名的西班牙学者何塞·加里多（Jose Luis Garcia Garrido）所说："在亚洲国家中，比较教育无论在教育水平还是在研究水平上有了较大发展的，无疑是日本。"[3]的确，在其发展历程中，日本比较教育学会从最初只有94名会员（其中学生会员12名），发展壮大为已经拥有会员近900名的这样一个较大的学会组织。在学会发展的过程中，历经了数任会长的薪火相承，从而不断地发展完善，日本的比较教育学研究已经蔚然大观。然而，在研究者队伍不断壮大、学术著作层出不穷的背后，日本比较教育学会乃至日本比较教育学界正面临着一个潜在的隐忧与困境。理论研究和方法论层面难有创建、研究基础的弱化、学会的边缘化及学科的危机是日本比较教育研究者挥之不去且必须直面的棘手问题，同时这也是新时期发展中日本研究者们一直在苦苦思索解决对策的问题。

五、对我国比较教育学科的启示

反观我国比较教育学的发展状况，自1965年北京师范大学国际与比较教育研究所正式成立以来，我国的比较教育学已经走过了四十几年的历史。但是，直至改革开放，比较教育学科才迎来了发展的春天。20世纪80年代以来，我国的比较教育学才获得了飞速的发展，成果比较显著。与日本相比，我国的比较教育学依然存在着许多问题亟待解决。首先，时至今日，中国比较教育研究会还不是一个独立的学会组织，不能不说，这是比较遗憾的，而且对于学会的发展壮大乃至学术研究的开展都是十分不利的；与之相对，日本的比较教育学会是一个独立的学会，并且于20世纪80年代设立了平冢奖励基金，大力支持与鼓励年轻学者开展研究，对于开展与推进比较教育学术研究大有裨益。其次，与我国相比，日本比较教育学研究者研究的领域不断扩大，研究的问题涉及的范围也比较广泛。但是就这一点来说，我国开展比较教育研究比较晚（真正实现发展是在20世纪80年代），故而，我们的比较教育学的学术研究还处于发展过程中，而日本的比较教育研究已经相对比较成熟。最后，“理论研究和方法论层面难有创建”这一问题，是中日两国比较教育学界所共通的问题，我国比较教育学界的研究者们也在不断探索，试图有所突破和创建。对于一个学科来讲，在创建初期、发展中期、成熟时期等不同的发展阶段所面临的问题与困境有所不同。在全球化不断推进的今天，如何面对难题、解决难题，从而让我国的比较教育学术研究走向成熟？这是我国比较教育学界的研究者们共同面临的挑战。

参考文献：

[1]［日］杉本均．比較教育学の風景［J］．［日］『教育学研究』第71卷第3号.2004.38.

[2] 日本比較教育学会編．日本比較教育学会40年の歩み［M］．東京：東信堂.2004.45.

[3]［西］何塞·加里多著．比较教育概论［M］．万秀兰译．北京：人民教育出版社.2001.68.

注：文章原载于《北京化工大学学报》（社会科学版）（北京市高校人文社科优秀学报，全国高校优秀社科期刊），2013年3月（2013年第1期），82—85页。

浅析日本经济高速增长期高等教育的问题与对策

摘　要：1955年至1973年，经济的高速增长对日本高等教育提出了一系列要求，而经过战后改革的高等教育无法适应经济发展的需要，从而导致问题不断凸现出来。探讨其当时所采取的对策与措施，必将对我国当下的高等教育改革有所借鉴与助益。

关键词：日本；经济高速增长期；高等教育

所谓的日本经济高速增长时期，是指1955至1973年石油危机之前的这一段时间。这18年间，根据GNP的计算，日本的经济规模大致扩大了五倍。[1]经济高速增长时期，对于日本来说是一段不平凡的时期，随着经济的增长，城市化进程不断加快，国民的生活质量不断改善，中等教育及高等教育的入学率也不断攀升，国民素质也实现了大幅度的提高。科技不断进步，科技成果不断涌现，不同层次的科技人员源源而来，从某种程度上可以说，这正是日本经济高速增长的动力之源。随着经济的高速增长，日本的高等教育也在20世纪60年代实现了从精英阶段向大众化阶段的过渡，然而，紧随而来的是60年代末期发生的学园纷争事件；经过战后改革的高等教育结构满足不了飞速发展的经济需要，高等教育领域的问题日益凸现出来，而产业界不断提出新的要求，高等教育不得不进行结构调整与采取紧急对策。回顾与审视经济高速增长时期的日本高等教育，探讨其当时面临的问题与所采取的对策，具有一定的理论价值与现实意义。

一、经济高速增长期的日本高等教育的问题及对策

1962 年，日本文部省发表了《日本的发展与教育》的教育白皮书，该书试图用与经济发展相结合的观点来探讨日本教育的发展方向。曾参与经济审议会长期计划制定工作的学者清水义弘主张，教育本身不具有目的，决定教育目的的是现实社会的各种力量，经济高速发展之下的教育政策促使人们由量到质，由政治观点向产业观点进行转变。这一时期的特征很明显，如许多经济学家所说，这是一个“经济要求进入教育事物内部的时代”[2]。正是为了顺应经济发展的需要，日本的高等教育及时做出了一系列的调整，从而促进了经济高速增长奇迹的实现；而日本的高等教育也在战后经济崛起的洪流之中实现了从精英阶段向大众化阶段的过渡。1960—1975 年这 15 年，的确可以称之为“升学率急剧上升的时期”。在这一时期，日本高中的入学率从 50% 迅速上升至 90%，四年制大学的入学率也从 10% 上升至 30%，而四年制私立大学的学生在学比例从 1955 年的 60% 上升至 1975 年的 76%。[3]

20 世纪 50 年代至 70 年代，这一阶段的经济发展从数据上可见一斑。从人均 GNP 来看，日美的收入比率在 1950 年时为 1: 14，差距显著。然而，从收入比例的系列变化来看，1960 年为 1: 6，1970 年为 1: 2.5，差距迅速缩小[4]。这显然是由于当时与美国相比，日本的经济发展更为迅速。尤其是 20 世纪 60 年代，正是日本经济高速增长的黄金时代。高速增长的日本经济需要不同层次的技术人才。在人力资本理论的影响之下，日本政府高度重视不同层次科技人才

的培养，具体包括技术工人、中下级技术人员以及高水平技术与研发人员的培训与培养。而当时，经过战后改革的日本高等教育的“单一化”结构已无法满足快速增长的经济发展需要，各种问题接踵而来。

（一）理工科毕业生不足，调整招生计划

随着战后日本经济逐渐进入高速增长时期，经济发展的重点领域发生了转移，产业结构发生了变化。具体来说，1955 至 1973 年，第一产业的生产比例（主要包括农林水产业、矿业）下降了 15.2%，第二产业（主要包括制造业与建筑业）所占的比例上升了 10.9%。第三产业（主要包括水、电及煤气，金融、保险业，批发、零售业，房地产业，运输及通信业，服务业）所占的比例上升了 6%[5]。随着经济的迅速发展，产业界对理工科毕业生的需求呼声不断增高。1957 年，应产业界的强烈要求，文部省在《长期经济发展计划》的基础上，又提出了大学应增招理工科学生 8000 人的计划，这一目标在三年内得以完成。1960 年，池田勇人就任日本总理大臣，将政府的发展方向调整到了重视经济发展的路线上来，并且发表了《国民所得倍增计划》。于是，当时有学者预测，可能会出现科技人员大量不足的状况。因此，文部省在 1961 年又提出了大学应增招理工科学生 20000 人的计划，这一计划也在三年内得以完成。以东京大学招生情况的变化为例，1958 年，东京大学的招生计划为，文科 1160 人，理科 840 人，合计 2000 人。文科的招生人数约占总人数的 55%。自 1959 年开始，理科招生人数不断上升，1961 年的招生人数中，理科已经超过了文科。1968 年的招生计划中，文科 1370 人，理科 1693 人，合计 3063 人。理科的招生人数约占总人数的 56%。1958—1968 年，这十年间，文科的招生人数增长了 18%，理科人数增长了 100%[6]。

（二）中级技术人员的缺乏，调整高等教育结构

自20世纪50年代初期开始，即日本经济刚刚进入高速增长时期，产业界要求建立适应工业发展需要的高等教育机构的呼声不断高涨。究其原因，仍是经过战后调整的高等教育结构出现了问题。在美国占领军的指导下，战前几种类型的高等教育机构被合并、改组为四年制大学与短期大学。“重文轻理”，文科类学生占绝大多数的短期大学；培养社会精英的四年制大学，如此“单一化”的高等教育结构，在经济的快速发展之下愈加无法满足工业发展的需要。正如日本经营者团体联盟在一份建议书中呼吁的那样，战前的企业技术人员是这样培养的：初级技术人员由工业高中培养，中级技术人员由工业专门学校培养，高级技术人员由四年制大学培养。而战后，由于专门学校升格为大学，出现了中级技术人员培养的空白状态。[7]

因此，他们迫切希望建立类似于战前专门学校的、培养工业技术人才的院校，以此来缓解中级技术人才不足的状况。针对此种情况，1962年，文部省决定设立区别于四年制大学与短期大学的工业类高等专门学校。这是一种新型的高等教育机构，它招收初中毕业生，学制五年。其所涉及的学科包括机械工业、电气工业、工业化学、土木工学、建筑学、金属学、航海学、船舶机械学等。同时，为了迅速培养工业高等专科学校所需师资，大约在1963年前后，北海道大学、东北大学、东京工业大学、横滨国立大学、名古屋工业大学、京都大学、大阪大学、广岛大学、九州大学等九所国立大学纷纷设立了工业教员养成所（师资培养机构）。从发展规模来看，刚刚建立时，日本全国的工业高等专门学校只有19所，1973年增加到了63所，增长了2.32倍，学生数也从原来的3375人增至48288人，增长了13.3倍[8]。根据《文部统计要览》的数字显示，1965—1973

年的工业高等专门学校的毕业生总数为40438人，其就业率总是在93.3%以上，这八年间，就业于工业部门的中级技术人员有3.8万人。[9]高等专门学校是日本高等教育为了适应经济发展的需要而新设的、以学生就业为目标、培养具有行业专门知识和技能人才的学校，在经济高速增长时期，高等专门学校为企业培养了大批紧缺的技术人才，为日本经济高速增长的实现创造了必要的条件。

（三）高等教育质量下滑，调整高等教育政策

随着经济的高速增长，国民的生活水平不断提高，高中教育也逐渐得到了普及。从升学率来看，1950年中等教育的升学率已经超过了40%，1960年前后已经接近60%。经济的高速增长加速了高中教育的普及，20世纪70年代中期，高中的升学率已经达到了90%[10]。中等教育的普及，为高等教育从精英阶段步入大众化阶段创造了必要的条件。而经济的发展、产业结构的相应调整、人民生活水平的提高及国民对教育投资的高度热情，这众多的因素刺激了日本高等教育的扩张与发展。于是，顺应社会的发展和国民的教育需求，文部省放宽了私立大学设置的基准，正如日本著名高等教育专家潮木守一所说，当时日本私立大学的设置已经到了“只需向文部省递交一份申请，即可开设私立大学”[11]的地步。不严格的大学设置规定、国民尤其是家长们过度的教育投资热情等多方因素，最终导致了大量的高中毕业生纷纷涌向了私立大学，高等教育也实现了从精英向大众化的过渡。可以说，日本高等教育的大众化主要是通过私立大学来实现的。与国立大学不同，私立大学的财政来源主要依靠学生所缴纳的学费，正如日本著名高等教育专家潮木守一教授所说的那样，日本高等教育的大众化从某种角度来说，是通过学生家长们的辛苦钱实现的[12]。为了增加财源，私立大学纷纷超额招收学生，从而导致教育质量、学生宿舍条件等不断下降，最终成为

了学园纷争的导火索。终于，在20世纪60年代末期，日本全国爆发了大规模的学园纷争，在全国820所国立、公立及私立大学中约有116所大学发生了纷争。学园纷争爆发的原因主要在于反对学费上涨、校园管理问题（例如学生宿舍条件恶化等），究其根本，主要在于高等教育大众化推进的速度过快而相应的配套措施准备不足，从而导致了学生的强烈不满。针对高等教育大众化的速度过快所带来的问题，文部省出台了一系列的措施，其中具有重要意义的主要是20世纪70年代后半期开始实施的高等教育计划。日本著名高等教育专家马越彻教授认为，该计划对于日本高等教育大众化有着特殊的意义，一方面，它对地方国立大学的设置进行有计划的控制；另一方面也从质量上对私立大学进行严格管理（例如控制招生人数）[13]。

二、反思

（一）对经济高速增长时期日本高等教育的思考

仔细看来，促成日本经济高速增长的因素有几个，其中一个比较重要的原因就是高度重视与大力发展教育事业。例如，改革理工科教育，加速培养科技人才；推行英才教育，选拔才能较高的人；适应产业结构的转变，进一步整顿大学体制。[14]而日本高等教育的调整发生在战后经济高速增长时期这一事实，不能不说经济的高速增长与高等教育的迅速发展有着某种直接的相关关系。现代经济的高速增长对专门人才需求的增加，以及国民收入提高后对教育投资的增加，这两个增加给高等教育的发展提供了必要性和可能性。[15]战后日本经济经过恢复期、渐渐进入高速增长期，随着产业结构的调整，经过战后改革的日本高等教育结构已经愈来愈无法满足产业界对人才的需求。在这种背景之下，在日本政府的主导下、在民间经济团体的期待中，日本高等教育进行了一系列的改革与调整：出台增招理工科学生的计划、增设工业高等专科学校、迅速制定对策应对学园纷争，制定政策与措施控制私立大学的质量等。例如，应产业界的大力呼吁，增设培养中级技术人员的学校，于是，工业类高等专门学校制度应运而生。这样，在四年制大学、短期大学的基础上增设了高等专门学校（1962），在20世纪70年代的后半期又增设了专修学校（1976），如此，战后日本的高等教育体系逐渐发展成为多层次多种类的结构，以此来满足国民与社会发展的不同需要。

从某种角度上可以说，日本经济高速增长时期较好地处理了教育与经济协调发展的问题。日本经济的高速发展是日本高等教育走向大众化的一个动因；同时，日本高等教育的大众化又为日本经济的高速发展提供了足够的人力支持和强大的发展后劲。[16]正如日本经济的高速增长功过并存一样，在经济的影响与国民的教育热情促进下实现的日本高等教育大众化也存在着许多问题。名古屋大学阿曾沼明裕副教授认为，在日本高等教育大众化的过程中，与政府的作用相比，来自民间的力量、国民对教育的热情发挥了更大的作用。[17]正如日本高等教育专家潮木守一教授所说的那样，由于在高等教育大众化的过程中发挥主要作用的是私立大学及私立短期大学，而私立高等教育机构的运营经费除了少部分学校通过贷款这一途径以外，其主要来源为学生的学费，也就是说，日本高等教育大众化主要是通过学生家长的收入作为学校的运营资金来实现的。[18]而大众化进程过快导致了20世纪60年代末期学园纷争的出现，时至今日，在高等教育大众化中扮演着主要角色的私立高等教育机构依然存在着经费的困难与教学质量较差的问题；大学全入时代的到来更让一些私立短期大学在竞争中举步维艰。

诚然，高等教育调整是一个动态的过程。迄今为止，日本的高等教育系统依然处于不断的探索与调整之中，面临的问题依然不少。正如日本著名高等教育专家马越彻教授所说的，日本高等教育财政支出的贫乏（公共财政支出较少）、私立大学的质量问题（有必要增加对私立大学的投入）、大学的国际竞争力不足以及大学的经营管理能力不足（尤其是决定权的透明性与速度较慢）等问题依然有待解决。[19]

（二）结合中国情况的思考

1978—2004 年，中国保持 9.4% 的增长，创造了奇迹，到 2030 年中国经济增长速度至少平均不能低于 7.2%，也就是说中国经济将有望实现 50 多年的高速增长。[20]处于经济高速增长时期的我国，高等教育毛入学率已经达到了 23%，可以说，我国已经处于高等教育大众化的进程之中。与日本高等教育大众化的实现不同，我国目前依然是国立高等教育机构为主。在高等教育结构方面，我国目前的高等教育还存在着一定的问题，例如大学发展的趋同化、高等专科学校发展薄弱、部分高校发展定位不明等。与日本的经济高速增长时期不同的是，我国当下正面临着大学毕业生就业难的问题。针对大学毕业生就业难的问题，我国著名教育家顾明远教授认为，当下的大学生就业难并不是说我们培养的人才过剩而是从另外一个角度反映出我们目前培养的人才不足。他认为，长久以来，中国的高等教育一直进行的都是精英教育，因此解决目前的困境就短期对策来讲，应及时调整高等教育结构，积极扶植高等专门学校的发展，拓宽专业领域；从长期对策来讲，应该积极转变大学生的思想观念，扭转毕业生的精英意识，让更多的毕业生找寻到适合自己的岗位。[21]对于经济高速增长时期的中国面临着大学生就业困难的问题，日本高等教育专家潮木守一教授、东京大学的金子元久教授、名古屋大学的伊藤彰浩教授一致认为，转变国民的教育观念，尤其是大学毕业生的就业观念很重要，例如就业领域可以选择西部欠发达地区或者选择第三产业的相关岗位等。[22]

我国目前正处于经济高速增长时期，对高等教育的调整和改革迫在眉睫。及时调整高等教育结构、积极出台有效的策略以适应我国迅速发展的经济，从而促进我国经济增长奇迹的实现。日本著名高等教育专家马越彻教授认为，近20年来中国高等教育所进行的结构调整与各种改革是极具挑战性的、颇为大胆的高等教育改革。马越彻教授认为，在不远的将来，中国将成为世界高等教育的中心[23]。

参考文献：

[1] 中村政则．戦後史［M］．岩波書店．2005. 86.

[2] 大田尧．战后日本教育史［M］．王智新译．北京：教育科学出版社．1993. 236.

[3]［10］金子元久，小林雅之．教育の政治経済学［M］．放送大学出版．2000. 168，103.

[4] 冯昭奎，张可喜．技术立国之路——科学技术与日本社会［M］．西安：陕西人民教育出版社．1997. 20

[5] 幸村千佳良．日本経済の産業構造の変遷［J］．経済セミナー．2005（6）：10.

[6] 草原克豪．日本の大学制度——歴史と展望［M］．弘文堂．2008. 117.

[7] 野村平尔．大学政策、大学问题——资料与解说［M］．劳动旬报社．1969. 67.

[8] 全国教育调查研究协会编．战后30年学校教育统计总览［M］．行政株式会社．1980. 6－7.

[9] 陈武元．日本经济高速增长时期高等教育的主动适应［J］．

高等教育研究. 1992 (2): 17.

[11] [12] [18] 2008 年 9 月 18 日，笔者于日本东京对日本著名高等教育专家、樱美林大学潮木守一教授进行了访谈。

[13] [19] [23] 2008 年 6 月 28 日，笔者于日本仙台对日本著名高等教育专家、樱美林大学马越彻教授进行了访谈。

[14] 梁忠义. 战后日本教育与经济发展 [M]. 北京: 人民教育出版社. 1981. 6 - 21.

[15] 胡建华. 战后日本大学史 [M]. 南京: 南京大学出版社. 2001. 145.

[16] 史亚杰. 日本的经济发展与高等教育大众化 [J]. 外国教育研究. 2002. (12): 31.

[17] 2008 年 7 月 25 日，笔者对日本名古屋大学的阿曾沼明裕副教授进行了访谈。

[20] 中国の経済成長. [EB/OL] http: //www. cnn. co. jp/business/CNN200810200017. html. 2008 - 11 - 03.

[21] 2009 年 3 月 10 日，笔者对北京师范大学顾明远教授进行了访谈。

[22] 2008 年 9 月 18 日、9 月 19 日、8 月 19 日，笔者分别对日本樱美林大学的潮木守一教授、东京大学的金子元久教授、名古屋大学的伊藤彰浩教授进行了访谈。

注：文章原载于《高等农业教育》，2010 年第 11 期。

试析日本短期大学的生存危机及其对策

摘　要：短期大学作为日本的高等教育机构之一，在高等教育大众化的过程中扮演着重要的角色。对日本短期大学的发展历史、现状加以梳理，对其所面临的危机与采取的对策进行尝试性地探讨与分析，以期对我国的短期高等教育改革有所助益。

关键词：日本；短期大学；危机

作为日本的短期高等教育机构之一，在 20 世纪 50 年代前后，在美国占领军的影响下短期大学作为当时的一种“权宜之计”开始登上了历史的舞台。而今，在历经了近六十年的今天，从日本国内 18 岁就学人口的升学比例来看，大学及短期大学的入学率已经超过了 50%。也就是说，在日本高等教育的发展过程中，短期高等教育机构尤其是短期大学扮演着非常重要的角色。

表1 日本四年制大学、短期大学、

高等专门学校及专修学校状况一览表（2007年5月）

单位：学校数：所；在学人数：人

	大学	短期大学	高等专门学校	专修学校（专门课程）
国立	学校数：87	2	55	11
	在学人数：457，752	108	49，925	632
公立	学校数：89	34	6	202
	在学人数：111，966	10，340	4，125	27，265
私立	学校数：580	398	3	2，782
	在学人数：1，944，510	169，510	2，168	599，500
合计	学校数：756	434	64	2，995
	在学人数：2，514，228	179，958	56，218	627，397

注：①根据《学校基本调查报告书》绘制[1]。

②四年制大学的在学人数仅指本科的人数。

③短期大学、高等专门学校的人数指本科的人数。

④函授制的学生除外。

具体发展状况如表1所示。在短期大学中，私立短期大学无论是在学校数量还是在学生人数方面都占有绝对的优势。但是，在日本高等教育普及化的过程中，主要是以四年制大学为中心，短期大学的规模却有缩小的趋势。尤其是近年来，随着社会发展需求的变化，短期大学在发展、经营等方面出现了前所未有的危机。

一、日本短期大学的发展史及特征

1950年，在美国的影响下，短期大学作为一种特殊类型的学校而开始发展。之所以称之为“权宜之计”，主要是由于短期大学的性质比较暧昧，它既不是四年制的大学也不是专科大学，因而身份一直比较尴尬。这种不明的身份直到 1964 年，根据相关法律的修订，短期大学终于在制度上获得了认可。

短期大学在日本高等教育的发展过程中曾经发挥着重要的作用，曾经拥有辉煌的历史。“二战”后，日本在经过了短暂的经济恢复期、朝鲜战争的特需时期，自 20 世纪 50 年代中期开始进入经济高速增长期。随着日本经济的迅速增长，国民的生活水平不断提高，高中的升学率迅速上升，越来越多的高中毕业生纷纷涌向短期大学。社会的发展与进步不断地对短期大学提出更高的要求，而短期大学也因自身所具有的优势且不断地针对社会需要进行调整而吸引了大批的高中毕业生。短期大学相对于四年制大学具有更多的优势，例如，各种短期大学纷纷在中小城市开设；大学与学生的住所之间的距离比较适中，通学比较方便；短期大学学期的设置比较合理；学费比较低廉等。

可以说，短期大学正是受到美国社区学院的影响，但是植根于日本文化土壤中的短期大学又有着自己独有的特色。特征之一，作为女子的高等教育机构之一在日本高等教育发展的过程中发挥着重要的作用。随着经济的不断发展，人民的生活水平不断提高，且深受男女平等的社会进步思想的影响，越来越多的女性要求接受高等教育，而短期大学作为主要的女子高等教育机构扮演着重要的角色。具体情况如表 2 所示。短期大学开设的教养教育、特定领域的职业教育，以及应对和处理一般事务的实务教育，为学生尤其是为女学生提供了各种实用性较强的课程，有利于更多的女性从家庭走向社会，参与到社会事务中来，因而也倍受女学生的青睐。

日本短期大学的特征之二，即是得到了学校所在的当地家庭的广泛支持。从学校生源的数据来看，学校所在当地的生源约占生源总数的60%，而从毕业生情况来看，在当地就业的学生已经达到了毕业生总人数的三分之二，可以说，短期大学与地区发展的关系十分密切。短期大学除了具有以上两个显著的特征以外，还具有发展速度快、私立短期大学为主、偏重文科等特点。

不容忽视的是，短期大学迅速的发展变化。1950 年为日本短期大学的元年，这一年正式成立并开始招生的短期大学为 149 所，其中私立短期大学 132 所。而到了短期大学的发展高峰，全国公立、私立短期大学已经达到共计 600 所。学生人数也迅速增加，在学的学生人数最多达到了 53 万人。可见，短期大学正是适应了当时社会的发展需要，从而创造了辉煌的历史。

表 2　日本短期大学、四年制大学的女子入学率一览表

年度	1961	1966	1971	1976	1981	1986	1991	1995	1996	1997
短期大学	3. 5	7. 3	12. 8	20. 6	20. 8	21. 0	23. 1	24. 6	23. 7	22. 9
大学	3. 0	4. 5	8. 0	13. 0	12. 2	12. 5	16. 1	22. 9	24. 6	26. 0
年度	1998	1999	2000	2001	2002	2003	2004	2005	2006	2007
短期大学	21. 9	20. 2	17. 2	15. 8	14. 7	13. 9	13. 5	13. 0	12. 4	11. 9
大学	27. 5	29. 4	31. 5	32. 7	33. 8	34. 4	35. 2	36. 8	38. 5	40. 6

注：①根据《学校基本调查报告书》绘制[2]。

②升学率 = 女学生入学人数/三年前中学毕业人数及中等教育学校前期课程修了学生中女学生的人数

纵观日本短期大学的发展史，可以说，短期大学在日本社会向高度产业化迈进的过程中，为国家经济的发展提供了大量的人才，并且在广泛提高国民素质的过程中发挥着十分重要的作用。

二、日本短期大学的生存危机及其成因分析

回顾日本短期大学的发展历程，短期大学并没有受到发展初期身份不确定等因素的影响，而是根据自身的状况，顺应了时代的需求，因而发展规模迅速扩大。在某一特殊时期，女学生的入学率已经有超过四年制大学的发展趋势。

（一）短期大学的生存危机

然而，近年来，随着社会状况的发展变化，短期大学面临着前所未有的生存危机。尤其是私立短期大学，生存环境极其艰难。2007 年，日本短期大学的报考者人数锐减，有 62% 的短期大学不得不削减了招生人数。而且，私立短期大学在经营方面也在走下坡路，46% 的短期大学已经出现了财政赤字。短期大学在发展的辉煌时代曾经一度超过 500 所，而今却由于经营不善等种种原因导致学校数量不断减少，仅剩 400 所。

经营不善导致短期大学的破产，这只是其中一方面的原因。近年来，短期大学学生学力的低下、缺乏学习兴趣等问题一直受到社会舆论的批判，这的确是一个比较严重的问题。质疑的声音不绝于耳：短期大学的教育内容究竟是否能够满足社会发展的需要？于是，学者们纷纷反思，探讨短期大学是否存在未来、短期大学的生存意义等相关问题。艰难的处境，让短期大学在风雨中飘摇，究竟是什么原因导致了短期大学的生存亮起了红灯？是经营不善、教育内容不妥、还是其他深层的原因？笔者对此进行尝试性的探析。

（二）成因探析

因素之一：忧患意识不足，办学方面缺乏特色与创新

日本学者佐藤弘毅认为，正是由于早期发展得过于顺利才导致

了短期大学在追求个性及创新方面缺乏努力，他认为这是导致短期大学发展出现危机的一个主要原因[3]。当然，也有少数短期大学在教学内容等方面努力构建自己的特色，注重与专业学科紧密结合，并且取得了一定的成果，在社会上也获得了一致的好评。但是，我们不能不看到，更多的短期大学只是一味地模仿四年制大学的教育课程和教育方法，走入了模仿的发展误区。短期大学在教学内容和教学方法方面不肯下功夫，不去探索短期大学的发展特色，就这样轻松迅速地实现了发展规模的扩大，这从根本上导致了短期大学在发展过程中缺乏忧患意识。

因素之二：发展定位迷失，人才培养目标不明

在短期大学确立性质之初，所提倡的构建不同于四年制大学，不同于专门学校的有特色的短期高等教育的学校类型，这样的发展初衷早已在发展中被遗忘在了角落里，并且在实践层面缺乏切实可行的具体措施，各种原因最终使短期大学的发展陷于困境。笔者认为，短期大学在学校的培养目标方面，虽然明文规定“培养学生职业和实际生活所必需的能力”，但是，落实到实践中完全成为了四年制大学的预备学校，在教学课程、教学内容方面完全被“四年制大学教育”的发展目标所支配，尤其是人文科、教养科等学科这种倾向更为严重。

因素之三：缺乏发展自信，落后时代步伐

作为战后日本的一种新型的高等教育机构，在 20 世纪 50 年代诞生之初，虽然地位与性质尚不明确，但是依然克服重重阻力，在战后社会顽强生长，并且实现了飞跃式的发展。短期大学在当时之所以能够实现迅速的发展，一个作为主要的原因就是，顺应了时代的发展需求，例如女子教育突出、偏重文科专业等。从办学的角度来讲，短期大学偏重文科专业，这就意味着所需办校经费不多；短

期大学女子教育突出，这主要是顺应当时经济高速增长对女子教育的需求。短期大学正是采取了顺应时代发展需求的各项对策，满足了社会和国民的需求，从而实现了发展史上的辉煌。随着时代的变化，社会对短期大学的需求也在不断地发展变化，越来越多的学生已经不满足于就读于短期大学。但是，令人遗憾的是，应对社会与学生们的需求，短期大学进行的调整没有从根本上凸现自身的特色，甚至没有及时且适当地进行调整，导致在“大学全入时代”的当今日本社会，在与四年制大学和专门学校的竞争中处于不利的境地。

与短期大学的萎靡不振相比，四年制大学与专门学校在职业教育方面却迎来了美好的春天。随着社会经济的发展，人民的生活水平不断提高，更多的女学生选择升入四年制的大学，因为四年制的大学也开展了广泛的高等职业教育。另外，由于规制缓和，四年制大学发展规模迅速扩大，在数量上早已超过了短期大学。而素以职业教育见长的专门学校，在经历了反复的竞争与淘汰之后，最终赢得了较高的社会评价。然而，令人遗憾的是，处于二者之间的短期大学，却由于迫于少子化社会的压力等因素终致危机重重。近年来，由于不断削减招生规模等负面的媒体报道，加之学生学力低下等批判之声不断，原本所具有的人气也不断下滑。

三、日本短期大学应对危机之对策

（一）日本政府的扶助措施

2005 年 2 月，日本中央教育审议会在《未来像答申》中指出，对于短期大学的毕业生应授予其相应的学位。于是 2005 年 10 月，称之为“短期大学士”的学位宣告诞生。这一举措，从短期大学的整个发展历程来看，具有划时代的意义。从某种意义上来说，短期大学终于取得了作为大学的合法地位，即短期大学也被认定为大学。而此前，由于不具有学位授予权等原因，短期大学一直处于不被承认的尴尬地位。

获得了学位授予权的短期大学目前困难的处境是否会得以好转？日本学者佐藤弘毅认为，在获得学位授予权的同时，短期大学也背上了沉重的包袱[4]。中央教育审议会之所以赋予短期大学授予学位的权限，正是由于在日本的短期高等教育机构中短期大学实行教养教育，这一点与四年制的大学实施学士课程的性质相同，均为开展教养教育，因此，赋予短期大学授予学位的权限。在相关文件中还指出了短期大学的其他特点，例如短期大学开展实科教育、职业教育等。但是，实际情况却不容乐观。因为在现实的教学中，既开展教养教育，同时又开展高水平的职业教育，无论是授课时间还是课程安排都是十分困难的。而且，如此的教育目标无疑给短期大学的自由发展套上了枷锁。况且，短期大学即使拥有了学位授予权，学生们是否就会蜂拥而至？短期大学在招生方面究竟具有何种优势？短期大学应着力在哪些方面凸现短期高等教育机构的特色？在描绘短期大学的发展蓝图时，这都是值得短期大学人深思的问题。

（二）应对危机之对策

深陷危机的短期大学，在深入分析各种因素的同时，也在不断探讨自身的价值与思索未来的发展定位。2005 年 10 月以来，短期大学终于从介于四年制大学与专门学校之间的尴尬地位转为拥有学位授予权的合法的大学地位。但是，拥有了学位授予权限是否能够帮助短期大学摆脱困境，走出迷茫？对此问题，笔者认为，对策如下。

对策之一：转变意识与深刻反思

短期大学要从困境中走出来，以崭新的姿态迎接未来，当务之急就是转变短期大学人的意识。忘却曾经的历史与辉煌，思索新世纪的短期大学所应具有的特色，描绘新世纪的短期大学的发展蓝图。其次，应深刻反省危机与困境背后的深层原因。为何会出现学生锐减的现象？今天的短期大学为什么不像以前那样深受欢迎？随着社会的发展，短期大学生存的必要性是什么？在新世纪，短期大学应该扮演何种角色？短期大学相对于四年制大学与专门学校，应具有何种优势？在新世纪彰显短期大学的发展特色，重拾往日短期大学发展的自信，构建适应社会与学生需要的新型的短期大学，应首先从转变短期大学人的思想观念开始。

对策之二：设置多元的非学位课程

早在 1981 年的中央教育审议会的答申报告中就曾提出今后欲将短期大学作为开展终身学习活动的重要机构之一，但是在实践的过程中，无论是行政方面还是财政等条件方面执行起来都略显迟钝。的确，若真正将短期大学作为开展终身学习的重要机构，需要来自社会各方面的支持与合作。例如与地区的产业界、各个自治体之间的合作，以及综合性条件的整备等都是必不可少的。

另外，短期大学在课程的设置方面，除了开设短期大学士所必修的课程以外，还应适应社会的发展需要，积极开设多元的非学位课程。从三个月的短期课程到两年的课程均应开设，以满足社会人员，尤其是社会在职人员的多方需求。力争像美国的社区学院那样，满足社会人员的各种需要，并且在社会人员完成一定时间的学习之后能够出具学习程度的证明。具体的学分规定、课程的数量可以由国家或者公共教育机构做出规定，其开设的各种课程应得到大学相关的协会、大学团体、职能团体等相关的外部机构认可。

对策之三：修订短期大学的设置基准

长期以来，短期大学一直被搁置在四年制大学与专门学校之间的较为尴尬的地位上，究其根本，根源主要在于短期大学的设置基准。因此，对短期大学的设置基准进行修订是当务之急。例如，让短期大学在发展模式方面彻底摆脱四年制大学模式的影响，尽量突出短期大学所独有的特色，开设一些适应社会和学生需求的课程，重新修订教师人事编制、学分的管理、学习时间等方面的具体标准等等。总而言之，在未来的发展过程中，短期大学在满足社会现实与学生需求的同时，应努力创建短期大学所应有的特色课程，作为一种特殊的高等教育机构在日本的高等教育中继续发挥不可替代的作用。

结语

纵观日本短期大学的发展历程，短期大学在日本高等教育的发展过程中，尤其是在女子高等教育的发展过程中扮演着不可替代的作用。短期大学让更多的女性从家庭走向了社会，融入了社会生活与工作之中，提高了女性参与社会工作的比例。在近六十年的发展历程中，短期大学顺应了时代发展的需要创造了曾经的辉煌。然而，随着社会的不断发展与进步，学生的需求逐渐发生了变化，短期大学出现了前所未有的危机。面对重重危机，日本的短期大学人提出了转变观念、重拾信心、创建特色等各种对策，这些对策能否让短期大学走出困境、再创辉煌？让我们拭目以待。

参考文献：

［1］［2］平野誠：《データから見た短期高等教育の現状》［J］，《IDE 現代の高等教育》，2008 年 6 月号，民主教育協会（出版），第 54 页、第 56 页 .

［3］［4］佐藤弘毅：《新たな短期大学像を描く》［J］，《IDE

現代の高等教育》，2008 年 6 月号，民主教育協会（出版），第 15 页、第 17 页.

注：文章原载于《现代教育管理》(CSSCI)，2010 年第 2 期。

日本研究型大学与城市的互动分析

摘 要：大学与城市的关系可以追溯到中世纪的欧洲。深受欧洲和美国影响的日本的大学与其所在城市也有着千丝万缕的联系。本文从经济发展、环境构建这两个层面对日本研究型大学与其所在城市互动关系进行尝试性探讨与分析，以期对我国当下的高等教育改革有所助益。

关键词：日本；研究型大学；城市

大学与城市是一个永恒的主题。回顾历史，我们不难发现，正是由于经济的发展、城市的繁荣，为高等学府的诞生创造了条件。而大学基于她自身的魅力又不断地吸引着来自四面八方的学者与学生，让大学与其所在的城市均散发着学术与青春的气息，同时也带动着城市经济的发展。这就是大学与城市，它们之间有着千丝万缕的联系，它们互相依存而又相互制约。地处亚洲的日本因其特殊的历史文化背景，其大学，尤其是研究型大学与其所在城市又有着怎样的关系呢?

一、大学与城市关系的历史考察

正如学者托马斯·本德（Thomas Bender）指出的那样，尽管有大量关于大学与社会方面的著作，但很少有人关注两者互动的一个关键点：城市[1]。提到大学与城市，那么，我们不得不追溯到遥远的中世纪。中世纪的大学是城市发展的产物。11 世纪，欧洲的城市开始发展，有学者认为，被誉为“欧洲大学之母”的博洛尼亚大学成立于 1088 年，也就是说，中世纪最早的大学成立于 11 世纪。而正是博洛尼亚大学建校 900 周年纪念庆典时发行的小册子确认了 1088 年是大学诞生的日期，它认为，在这一年出现了独立于博洛尼亚教会学校的自由法律教学组织，这就是一所大学建立的标志[2]。时间进入 12、13 世纪，城市发展的进程不断加快，巴黎大学、牛津大学等高等学府也纷纷融入了城市发展的进程之中。大学与城市之间的关系最为密切，在大学诞生的早期，那就莫过于巴黎大学与巴黎城了。正如学者斯蒂芬·费尔奥罗（Stephen C. Ferruolo）指出的那样，“到 1140 年，或许更早一些的 1120 年，巴黎就不仅是一个教育中心，而是唯一的教育中心，吸引了越来越多来自法国北部和整个西欧的学生和教师”[3]。由此可见，在大学诞生之初，大学与城市的关系就非同一般。在中世纪时期，大学一般都建在城市之中，这主要是由于城市的生产力发达、物资的丰富以及人员的充足。因为在大学初创时期没有固定的校舍，教师不得不租借教室来授课，所以，这些必要的条件只有工商业较为发达的大城市才能够满足。也就是说，城市的发展与富足，生产力发展到了一定的阶段，促成了学者与教师的出现、大学的诞生与发展；而大学的不断进步与活力四射吸引了大量的学生，反过来又促进了城市的繁荣。

日本的城市与大学又是怎样的关系呢？在江户时代以前，日本的许多城市都是作为城下町而发展起来的，也就是说，主要是武士生活的城市。当时，像大阪、长崎那样有许多商人居住的城市，是没有自治权的。当时，全日本约有 300 个藩，多数的藩开设有以武士为教育对象的藩校，且教育年限不等，年限最长的相当于现在的大学课程。后来，到了经济较为发达的江户时代，出现了名为“昌平坂学问所”的相当于大学水平的教育机构。但是，这个机构并没有得到政府的承认，充其量只是一个学生与教师共同探讨学问的共同体，还并不是那种欧洲意义上的大学。[4]拥有自治权的大学制度真正在日本出现，那是明治以后的事情了。追根溯源，日本的大学制度终究来自欧洲，虽然日本地处亚洲但是有一点却与欧洲惊人的相似，那就是，日本的大学发展与城市之间也存在着十分密切的关系。日本的东京大学创设于1877年，它是一所以城市的名字来命名的大学，给人以“城市大学”的错觉，其实，东京大学是彻底的“为了国家之需”而设立的大学。所以，在九年之后东京大学改名为“帝国大学”，彻底的明确了身份，同时去掉了“东京”二字。直至1897年京都帝国大学在关西地区诞生，东京大学才又变更为“东京帝国大学”。此后，以东京大学为中心，在东京这座城市中又陆续的诞生了十几所大学，而这些大学慢慢地成为了东京这座城市的十分重要的组成部分，在城市的发展进程中扮演着重要的角色。

二、日本研究型大学与城市经济的发展

日本高等教育专家天野郁夫教授将日本的大学分为研究型大学、大学院大学、准大学院大学、修士大学（只能招收硕士和本科生的大学）、学部大学（只有本科的大学）这几种类型[5]。就日本全国范围来看，东京大学、京都大学、名古屋大学等旧制的帝国大学均属于研究型大学。下面，我们主要以名古屋大学与名古屋市之间的关系为例来尝试性的探讨研究型大学与城市经济发展之间的关系。

名古屋市是日本爱知县的县厅所在地，现为日本的第三大城市。名古屋市创立于1889年，创立之初，面积只有13.44平方公里，人

口约为15.7万人。目前，名古屋市面积约为326.45平方公里，城市总人口约为220万人。由于名古屋所处的位置，正处于本州岛的中部位置，加之其正处于东京与京都这两座大城市的中间，因此又被称为“中京”。名古屋市是日本中部地区的经济中心，它与丰田市等其他城市一起形成了世界知名的“汽车工业城市圈”，即著名的“中京工业地带”。随着工业的发展，商业也日趋繁荣，名古屋已经成为了日本著名的商业性大都市。名古屋大学、名古屋工业大学等知名学府均坐落于此，尤其是隶属于七所旧制帝国大学之一的名古屋大学，在名古屋市、爱知县乃至东海地区的经济发展中扮演着重要的角色。

日本的东海地区，尤其是名古屋市，历来被经济界看作日本经济发展的“风向标”，即名古屋经济的景气代表着日本经济的繁荣。名古屋市的市民从业情况如何呢？从表1我们可以看出，作为爱知县的中心城市，在产业结构中，第三产业的从业人员最多，为786408人，在从业的总人数中约占72.5%。第一产业的从业人员最少，只有3491人，仅占从业总人数的0.3%。在经历了战后经济的恢复期、高速增长期、稳定发展期、经济低迷期等时期，日本的产业结构也发生了较大的调整，但是，总体来说，产业结构的特点与日本全国产业结构的特点是相一致的。尤其是，在经济高速增长时期，即1955—1973年这一段时间，产业结构发生了巨大的变化。具体来说，1955—1970年间，从就业结构来看，第一产业占总就业人数的比例从41.3%降至19.7%；第二产业从24.9%升至35.3%；第三产业从33.8%升至45.0%。[6]第一产业的从业人员正是从经济高速增长时期开始大幅度减少，第三产业的从业人员也是在这一时期开始较大幅度增加。很显然，从业人员从第一产业流向了第二产业和第三产业，而人员流动的手段之一，毫无疑问是教育和培训。而研究型大学乃至大学在其中扮演了重要的角色。

表1 名古屋市各产业从业人数及构成比例

产 业	从业人数	构成比例
第一产业	3491 人	0.3%
第二产业	308593 人 其中：矿业，129 人； 建筑业，103916 人； 制造业，204548 人。	25.0%
第三产业	786408 人	72.5%

数据来源：该表为笔者根据名古屋市 2008 年 7 月 15 日的统计数据自制。

名古屋市政府网站［EB/OL］http：//www.city.nagoya.jp/shikai/2008－11－03

翻阅名古屋大学发展的历史，我们不难发现，创立于 1939 年的七所旧制帝国大学之一的名古屋大学，在其创设之初并没有开设文科类的学部，而所开设的理学部和工学部也是应当地经济与产业界的强烈要求而独立设置。具体时间如下：1940 年，开设了理工学部；1942 年，理工学部分离为理学部和工学部；1945 年，根据师范教育令，设立了官立冈崎高等师范学校。可见，1939 年，作为最后设置的一所旧制帝国大学，名古屋大学在设立之初并不是一所综合性的大学。“二战”后，随着教育事业的复兴，名古屋大学于 1948 年设置了法经学部、文学部这两个学部，由此，名古屋大学才发展成为文理兼备的综合性较强的研究型大学。1949 年，随着学制改革，增设了教育学部，合并后的名古屋大学宣告诞生。在此基础上，1920 年设置的官立旧制名古屋高等商业学校中的法经学部等也都在教育政策的影响之下纷纷并入名古屋大学。1953—1955 年，名古屋大学还陆续开设了理学、工学、法学、经济学、文学、教育学等八个研究科。此后，1989 年，等离子研究所改组为核融合科学研究所，后转为大学共同利用机构；1991 年，设置了国际开发研究科。适应国家与社会发展的需要，名古屋大学在学科及科研院所的设置上进行了及时的调整。

在城市经济的发展与科技进步中，大学，尤其是研究型大学在其中所发挥的作用不容小视。回顾经济高速增长时期，诚然，应产业界的迫切需求而于 1962 年陆续设立的高等专门学校，例如丰田高等专门学校，为名古屋经济的发展，尤其是为东海地区的企业培养了大量的技术人员。但高水平的研究人员所从事的部分大量的基础研究，毫无疑问，是在研究型大学中得以开展。1990 年，以理工科研究见长的名古屋大学率先在旧制帝国大学中设立与企业合作的“共同研究中心”，其研究室、研究器材可以与企业共同使用，从而积极地推进产学合作，而名古屋大学的野依良治教授正是在积极开展的产学合作研究的氛围中，收获了 2001 年的诺贝尔化学奖。回顾“中京工业地带”的形成，正是由名古屋大学等研究型大学为其形成和发展源源不断地输送人才，为其开展企业的创新和研发注入了新鲜的血液。另一方面，城市经济的发展与繁荣也为研究型大学走向国际创造了一定的机会与条件。随着世界博览会的成功举办，名古屋市在国际上的知名度也不断提高。独具特色且面向尖端产业技术的“造物”文化，名古屋城、德川园等保留着浓厚历史气息的近代武士家文化，织田信长、丰臣秀吉等历史名人皆出身于此的历史渊源，正是在历史与传统的完美协调中，名古屋的城市魅力在国际舞台上得以彰显。随着名古屋市知名度的提高，大学中的国际交流事业也逐渐得以繁荣。来自世界各地的留学生步入名古屋大学等位于名古屋市的研究型大学进行进一步的升学与深造；各种有着国际知名教授参与的国际性会议纷纷召开；从而加速了名古屋大学这所研究型大学的国际化进程。从某种角度上来说，纷至沓来的留学生们又为城市的经济发展带来无限的商机，研究型大学在与城市的互动发展中实现了双赢。

三、日本研究型大学与城市环境的创设

大学与城市环境的创设、良好氛围的营造有着密切的联系。其中研究型大学以其悠久的历史、深厚的文化积淀，莘莘学子蓬勃的朝气，在良好城市环境的营造过程中，扮演着重要的角色。象牙塔中的学子们仿佛是四月盛开的樱花，是日本城市永远的亮色，他们妆点着城市，是城市魅力的源泉，不断地吸引着来自国内外关注的目光。

（一）日本研究型大学与城市自然环境的构建

名古屋作为日本历史悠久的工业城市，一直非常重视环保工作。在垃圾处理方面，名古屋市也取得了丰硕的成果。2005 年，其垃圾总量与 1998 年度的总量相比，减少了约 30%，资源回收量也增加了约 2.6 倍。[7]在环境教育中，研究型大学也发挥着重要的作用。在名古屋市，为了让更多的市民可以学习到环境知识，可以一起讨论，并将行动付诸于环境事业之中，特开设了“名古屋环境大学”。该活动定期组织大学，尤其是研究型大学的相关专家进行保护环境的相关讲座，该活动旨在提高普通市民的环保意识，让市民学到更多的与环境相关的知识，该活动每年在市内约有 500 场以上的讲座，参加者从儿童到老人，每年约有 1 万多市民参加此项活动。[8]在与市民的互动活动中，研究型大学也充分发挥了“服务社会”这一职能，让更多的市民了解大学，增加对大学的亲近感。

（二）日本研究型大学与城市人文环境的创建

在七所旧制的国立大学中，名古屋大学具有一个鲜明的特点，

那就是其明显的地区性特点。首先，从名古屋大学的生源来看，出身于爱知县的高中生超过了半数，在校学生的总人数的75%来自东海地区[9]，也可以说，名古屋大学为东海地区的经济发展培养了大量的人才。其实，作为一所旧制的帝国大学却具有如此明显的地区性，可以说有利有弊。其形成的原因，最主要是由于她的地理位置，准确地说，是由于名古屋这座城市的特殊位置所决定的。名古屋位于日本最大的两座城市——东京与京都之间，也许正是这特殊的位置影响了学生的来源。在人文环境的营造方面，名古屋大学是不遗余力的。例如，在博物馆定期举办各种展览，对市民免费开放；定期举办各种公益讲座，免费对市民开放；与市内的美术馆、青年会馆合作，定期举办文化交流活动；通过每年的名大祭（校园文化节）展示校园文化等。通过各种活动来营造良好的文化氛围，让市民通过参加各种文化体验活动，从整体上提高市民的文化素质。

日本的大学与城市之间相互依存，不可分割。城市的发展为大学的诞生创造了不可或缺的条件，大学的发展为城市的繁荣提供了必要的因素。城市经济的发展与繁荣，是大学诞生的必要条件之一；而大学的蓬勃发展带动了城市经济的繁荣，为经济的发展带来了无限的商机。研究型大学与城市的关系又略显不同，在拥有以上因素的同时，她又兼具文化整合的使命。城市人文环境的营造、市民人文素质的形成、城市文化底蕴的积淀，都与研究型大学有着千丝万缕的联系。因此，探讨日本研究型大学与城市发展之间的关系，这还仅仅是一个开始。

参考文献：

[1] Thomas Bender（ed.）. The University and The City：from Medieval Origins to the Present [C]. New York & Oxford：Oxford Universi-

ty, 1988. Preface.

[2]（瑞士）吕埃格著:（比）里德-西蒙斯分册主编；张斌贤等译.《欧洲大学史》第一卷《中世纪大学》[M]. 保定：河北大学出版社. 2008. 6.

[3] Stephen C. Ferruo. Parisius - Paradisus: The city, Its Schoos, and the Origins of the University of Paris [A]. in Thomas Bender (ed.). The University and the city: from Medieval Origins to the Present [C]. New York & Oxford: Oxford University Press, 1988. 26.

[4] 天野郁夫. 都市と大学. 有馬朗人編. 都市. 東京大学出版会. 1991. 269.

[5] 天野郁夫. 高等教育の日本的構造 [M]. 玉川大学出版部. 1986. 231.

[6] 张季风. 挣脱萧条：1990—2006年的日本经济 [M]. 北京：社会科学文献出版社. 2006. 5.

[7] 名古屋市政府网站 [EB/OL] http://www.city.nagoya.jp/shikai/2008-11-03.

[8] 名古屋市政府网站 [EB/OL] http://www.city.nagoya.jp/shikai/2008-11-03.

[9] 名古屋大学官方网站 [EB/OL] http://www.nagoya-u.ac.jp/about-nu/history-data/figure/2008-11-03.

注：文章原载于《比较教育研究》(CSSCI), 2011年第3期；该文章被人大复印资料《高等教育》全文转载。

03

研究生教育

基于史密斯模型的硕士研究生就业政策执行过程探析

摘　要：运用史密斯模型分析理想化政策、执行机构、目标群体及环境因素对我国硕士研究生就业政策执行过程的影响，进而得出结论与启示：加强硕士研究生就业政策法律化和体系化，构建能动的网络化执行机构，目标群体目标化、明细化，优化教育环境和市场环境，以期突破当前我国硕士研究生就业政策执行过程中的困境。

关键词：硕士研究生；就业政策执行；史密斯模型

研究生指“获得学士学位、第一学位、高等学校本科毕业证书，或具有同等学力，获准进入高等学校或科学研究机构进行进一步学习和研究，攻读更高级别学位或证书的学生。一般分为硕士（副博士）研究生和博士研究生两级”。研究生教育是高等教育的最高层次，一般分为硕士生教育和博士生教育两级。[1]硕士研究生教育是连接本科教育和博士研究生教育的关键环节，是一个具有承上启下、独立意义的教育层次。硕士研究生的就业状况反映硕士研究生教育水平，对本科教育和博士研究生教育有一定的折射作用，更关乎社会稳定和谐。基于此，本文将研究客体界定为硕士研究生，研究对象为硕士研究生的就业政策执行过程。

一、问题的提出

自1999年启动硕士研究生扩招政策以来，我国硕士研究生的招生人数、在校人数及毕业人数均呈现加速增长的趋势。根据国家统计局的统计数据，2003—2014年我国硕士研究生招生人数从22万增长到56万，增长近3倍，毕业人数更是从9.2万增加到51.4万，增长近6倍，并在2012年突破40万大关，如表1所示。尽管随着研究生自费政策出台和出国深造成为大趋势，近两年出现了硕士研究生报考“降温”的现象。但已然扩大的在校硕士研究生基数仍使得未来一段时间内硕士毕业生人数有增无减，硕士研究生仍需应对就业难的问题。

表1　2003—2014年硕士研究生基本情况[2][3]

年份	招生数（万人）	在校数（万人）	毕业数（万人）
2003	22.00	51.50	9.20
2004	27.30	65.40	12.70
2005	31.00	78.70	16.20
2006	34.20	89.70	22.00
2007	36.10	97.30	27.00
2008	38.70	104.60	30.10
2009	44.90	115.90	32.30
2010	47.40	127.90	33.50
2011	49.46	137.45	37.97
2012	52.13	143.60	43.47

续表

年份	招生数（万人）	在校数（万人）	毕业数（万人）
2013①	53.90		
2014	56.00	179.40	51.40

除基数大问题外，较之于本科生，硕士研究生就业机会成本大，期望值高，可选择的就业行业和地域有限。一方面源于供方意愿，政府出台的一系列优惠政策，如2003年的《关于选拔高校毕业生到西部基层工作的通知》，2004年的《关于实施大学生志愿服务西部计划的通知》以及2006年推行的“三支一扶”政策，对本科生而言具有一定的吸引力，而对于多投入2—3年机会成本的硕士研究生而言，影响力度明显下降。另一方面源于需方考量，近年来，迫于竞争压力，各企事业单位纷纷控制成本，缩编减员，招聘人才由“学历导向”转为“能力导向”，不再将学历作为进入企业的首要门槛，对硕士研究生的需求缩减。鉴于供需双方的双向选择，硕士研究生出现了大量的结构性失业，出现中西部及偏远地区供不应求，东部大中城市供过于求的局面。这也是近两年许多省市出现硕士研究生初次就业率低于本科生情况的原因所在。较之于博士研究生，硕士研究生在学术水平和科研能力上尚未达到国家精英人才的标准。因此，硕士生在就业上目前处于“高不成、低不就”的尴尬境地。

1999年国家启动扩大高校招生政策使得硕士研究生数量加速增长，硕士研究生就业期望值高遭遇社会转型期传统吸纳硕士生用人单位改革的逆流，高校培养模式和硕士生自身就业能力与社会需求

① 注：2013年数据未获得权威数据，故不做统计。

出现脱节等因素共同导致目前硕士研究生就业遭遇“寒潮”。现有的硕士研究生就业政策已不能有效应对硕士生就业难题，亟须改进。探析现行硕士研究生就业政策执行过程中的问题，进而有的放矢地完善并制定出合理高效的新政策，并保证其顺利执行，取得理想效果是政府职能的应有之义，也是增强政府能力，提高政府有效性的有力保障。

二、研究框架——史密斯模型

本研究的主题是对美国学者史密斯（TB. Smith）提出的史密斯政策执行过程模型是公共政策分析的经典模型之一。本研究将结合这一模型来分析我国硕士研究生就业政策实施的状况，并以此来透视我国硕士研究生就业政策执行、完善过程中的盲点。史密斯认为公共政策的执行可被视为社会张力的发生之源，这种张力产生于政策过程的四个组成部分：理想化的政策、执行机关、目标群体及环境因素。[4]（如图 1 所示）在政策执行过程中这四个因素均会产生张力，并对现行政策形成反馈，通过这种对政策制定者与执行者的反馈，对政策制度形成进一步的支持或阻碍。

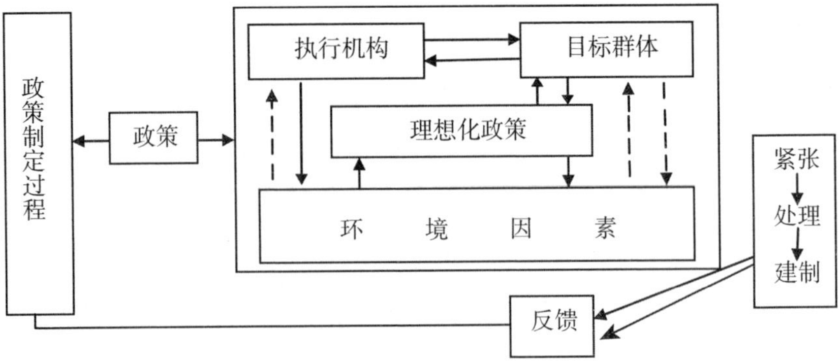

图 1　史密斯政策执行过程模型

史密斯模型的作用原理可概括为：理想化的政策是政策执行过程有效的先行条件；目标群体是符合政策要求的、政策作用最直接的受体，必须对政策制定者做出适当反应，同时其主观意志也受环境因素的影响；执行机构则是负责政策执行的中坚组织；环境是那些影响政策执行和受政策执行影响的主要因素。这四个要素之间相互作用和反作用，共同决定了政策能否成功实现目标，达到预期效果。本文以史密斯模型为理论基础，从政策、执行机构、目标群体和环境四个层面深入分析我国硕士研究生就业政策执行过程，从反馈中获得启示，进而为进一步完善政策提出意见和建议。

三、政策评估

（一）理想化政策层面

公共政策作为政府行使公共权力，履行法定职能的主要手段，其自身的合法性、合理性和可行性直接决定了政府活动的成败。[5]只有满足合法、合理与可行性原则的政策才能称之为理想化政策，才能为就业提供科学指导。目前，我国硕士研究生就业政策存在着以下不足：

1. 政策效力多停留在部门规章等级，缺少法律法规类规范性文件

新中国成立后，我国研究生教育大体经历了探索期（1950—1965 年），挫折期（1966—1977 年），恢复期（1978—1981 年），稳定发展期（1982 年到 20 世纪 90 年代末），快速增长期（20 世纪 90 年代末至今）。[6]研究生教育也由“非学位”阶段发展到“学位”阶段，与之相关的法律法规及规章，如《中华人民共和国学位条例》《关于高等学校招收研究生的意见》《关于深化研究生教育改革的意

见》等，也如雨后春笋般相继颁布出台。

然而，政府针对研究生，尤其是硕士研究生群体就业的法律法规或规章却屈指可数。硕士研究生的就业政策除从上位法，如《劳动合同法》《就业促进法》，中寻求最基本的保障条款外，直接相关的则可追溯到2001年，教育部发出《关于做好2001年全国毕业研究生就业工作的通知》（以下简称《通知》）。《通知》仅就2001年毕业研究生的就业原则、就业模式、就业范围，就业工作重点，合理布局，规范管理策做了相对明确的规定。其他相关政策则多体现在《中国教育改革和发展纲要》《国务院办公厅关于加强普通高等学校毕业生就业工作的通知》或《教育部 国家发展改革委 财政部关于深化研究生教育改革的意见》等综合性规章中。因此，政府缺少专门针对硕士研究生制定就业政策起指导作用的法律法规，政策效力等级不高，而且硕士生就业政策与本科生就业政策通用，未体现硕士研究生在“科研”“创新”和“实践”等方面的优势特点。

2. 程序上忽视目标群体参与，内容上可行性考量不足

程序作为一种制度安排，是经过实践证明的能够抑制个人的机会主义行为，约束政府的不良行为，降低交易成本的有效途径。[7]程序的合法性要求立足权利本位，目标群体是受到公共政策最直接影响的群体，要对政策做出反馈，政府则必须收集目标群体的意见并予以及时有效地回应。就硕士研究生就业政策而言，政策制定过程中应该有目标群体——硕士毕业生的参与，才能保证政策制定程序上的合法性。政策制定者要尊重硕士生的意志及其话语权，并发挥其在政策制定过程中的积极反馈和建言献策作用。然而，据调查，我国硕士研究生一方面对国家出台的就业政策了解不足，无从参与。对北京某高校的调查显示，“近半数研究生对国家出台的部分就业政策缺乏了解”，对“针对学校层面的就业政策与要求”表示“比较

清楚”的也仅有 17.7%。[8]另一方面尽管有参与就业政策制定的意愿，但也普遍缺乏参与的渠道。

除此之外，如前所述，硕士研究生就业政策与本科生就业政策通用，某些特殊政策的对硕士生的吸引力有限，其可行性有待考量。近年来，为促进高校毕业生就业，协调东西部平衡发展，国家出台了一系列的就业优惠政策，如“大学生志愿服务西部计划”“三支一扶”“农村义务教育阶段学校教师特设岗位计划”等，这些政策有任职年限的要求，一般 2 – 3 年。对于本科毕业生，这是很好的就业流向，将自己的青春汗水挥洒在祖国最需要的地方，任职期满可以通过考试或其他选拔程序到更好的地方任职。然而，硕士研究生的知识储备和读研期间的机会成本投入使得其就业期望值变高，而且，硕士生的毕业年龄也是就业选择的重要考量。因此，这些政策对硕士生而言可行性较低。基于程序上和可行性两方面的问题，硕士生就业政策效果“缩水”的现实状况也在情理之中了。

（二）执行机构层面

执行机构负责将理想化政策变为现实并展现效用的中枢。政策执行机构的组织结构状况、人力资源状况、机构数量和层级其拥有的资源状况是影响理想化政策实施的重要因素，也是影响政府效力的重要因素。一般情况下，一个良好的政府执行机构应该具备以下条件：健全的组织机构，有知识、有能力、有经验的执行人员，政策执行所需的资源。[9]

1. 组织结构待完善，机构衔接有缝隙

与大学生就业制度变迁一致，我国硕士研究生就业制度也经历了从“统包统分”到“双向选择、自主择业”再到“以市场为导向的自主择业”的变革。在实际操作中，政府、高校和社会都有责任对硕士毕业生提供指导、就业促进和就业援助。目前我国硕士生就业政策的主要执行机构是高校的就业指导机构，但其组织机构设置尚不完善，部分高校的就业指导中心仅挂靠在高校人事处或人才科组织，作为一个下属机构存在。而据有关调查显示，日本大学中将就业部门单独作为一个独立部门设立的大学占全部大学的80%。另外，日本厚生劳动省在全国各主要城市都设有学生职业中心，作为政府介绍和安排高校毕业生就业的办事机构，而且在日本厚生劳动省系统内还专门设置对应届大学毕业生就业援助的机构——学生职业综合支援中心，以全面系统地实施就业政策。[10] 而我国国务院虽设有教育部、劳动和社会保障部、人力资源部等就业政策的制定和监督执行机构，但地方政府缺少专门的就业政策执行机构，政策制定之后的执行重任直接落到高校就业指导机构身上，中间缺少联动环节，衔接有缝隙，不利于政策执行。

2. 执行方式简化，执行能动性低

高校就业指导机构效率较低主要表现在执行方式和能动性上。与本科生手段多样、形式丰富就业工作相比，硕士研究生就业工作还普遍应用传统的“以信息提供为主，适量就业指导为辅”的工作模式。即便如此，就业指导机构对招聘信息的发布多是被动接收与发布，缺少对就业信息的主动挖掘和系统化处理。最重要的是高校就业指导机构缺少对硕士生培养过程系统化、全程化和人本化的认识，忽视对硕士研究生职业生涯规划、求职意向与就业环境、社会需求等各要素之间的联动研究，工作过程中的能动性和回应性低。

（三）目标群体层面

公共政策是“政府依据特定时期的目标，在对社会公共利益进行选择、综合、分配和落实的过程中制定的行为准则”。目标群体则通过对就业政策的了解和认识，根据自身的利益取向选择合适的就业道路，并对政策做出反应，以影响政策执行。由此可见，目标群体对理想化政策的影响主要取决于利益因素和认识因素两方面。

1. 政策利益分配机制不完善，部分硕士毕业生就业利益得不到保障，对政策产生抵触心理。我国大学就业政策演变反映国家主导利益取向的变化，未协调好目标群体与政策制定者间的利益关系。[11]我国硕士研究生就业政策亦是如此，有一定的行业保护主义和地方保护主义色彩。如北京为控制户籍人口，2013 年起，北京市非北京市户籍的应届硕士毕业生留京设“年龄门槛”：硕士生不超过 27 岁。因此，这些硬性规定阻碍了部分硕士毕业生的留京道路，限制了他们的利益追求。这都加剧了硕士毕业生对现有就业政策在利益分配和协调机制方面的不满，并会产生裙带效应，影响其他就业政策的有效执行。

2. 硕士研究生对自身能力和个人就业意向认识不足，职业规划意识淡薄，就业能力明显不足。根据调查研究发现，研究生对个人爱好和就业意向的认识并不比本科生透彻，对学习和未来的工作都缺乏中长期规划。这就使得他们对就业政策的认识动力不足，关心程度不高。国内有学者认为，“就业能力是一种综合能力，是指个体通过知识的学习和综合素质的开发而获得的能够实现就业理想、满足社会需要、在社会生活中实现自身价值的本领”[12]。然而，我国硕士生教育出现“本科化”趋势，硕士研究生教育已经逐渐成为学士后教育，硕士毕业生平均水平和就业能力下降，硕士文凭“贬值”。[13]这与扩招政策实施后，硕士生源扩大，招生人数增多，其中不乏以逃避就业为动机或以获得文凭为目的的读研学生有关，但高校硕士研究生培养模式、考核评价体系、导师质量保障等也有着不可推卸的责任，这部分在环境因素的高校分析中详细探讨。

（四）环境因素层面

环境因素是客观存在的，具有复杂性和不确定性，其对政策执行的影响是无处不在的，也是不可避免的，往往是多方面的，相互交织的。

1. 高校硕士研究生教育环境有待完善

首先，研究生教育是高等教育的最高层次，应更加注重质量，但从总体上看，我国高校研究生教育质量并未达到精英教育的水平。硕士研究生教育从招生、培养到毕业各环节，从授课教师、导师到管理人员各方面都缺少严格的质量保障制度，质量评估体系也不完善。高校和地方政府注重获得更多的研究生教育资源，主要是博士、硕士授权点和研究生招生指标，扩充增量[14]，而忽视对在校硕士研究生的能力培养。

其次，高校硕士研究生培养体系具有滞后性，培养模式与社会需求脱节。我国现行的硕士研究生就业政策为市场导向的自主择业，市场经济发展也对研究生培养结构、职业能力等提出了新要求。但高校、研究所等研究生培养机构未能及时跟上就业市场发展的变化，导致出现热门专业硕士研究生供过于求，冷门专业硕士生在就业市场中开始过剩的结构性失业，人才偏聘、低聘的现象不断出现并越来越严重。[15]

最后，硕士研究生导师师资力量薄弱。梅贻琦先生说："所谓大学者，非谓有大楼之谓也，有大师之谓也。"硕士研究生培养仍采用导师制，因此研究生的培养质量与其导师质量、责任心有密切相关。但是，导师队伍扩展速度与硕士研究生人数增加速度不匹配，高校不得不降低导师的进入门槛，致使相当一部分能力不足以担任导师的教师进入硕士研究生导师队伍中，加之，相当一部分硕士导师专注于自己的科研项目、课题或职位升迁，对硕士生的付出不够，制约了硕士研究生培养质量的提高。

2. 硕士研究生就业市场环境有待优化

首先，由于劳动就业法律不完善，市场发育不健全，我国硕士研究生在就业市场上面临的最大障碍便是诸多的市场壁垒。据调查，“在中国的就业市场上，90% 以上的招聘广告均含有歧视性条款”，我国硕士研究生面临的市场壁垒包括年龄壁垒、性别壁垒、户籍壁垒和学历壁垒等。[16] 尽管随着近年规范市场程度加强，就业不公平现象有所消解，但仍出现“地税局招公务员要求‘有乒乓球高级技能职业资格’”[17] 的招聘新闻，说明市场壁垒仍未完全消解，其对就业政策执行过程的阻力仍未消失。

其次，我国硕士研究生就业政策执行还遭受制度性阻力。这些制度性根源主要包括硕士研究生扩招政策、成本分担的培养机制、资格认证制度形式化、学生资助体系不完善、西部及农村地区优惠政策力度不够、用人单位的录用及人力资源管理制度不规范、高校管理体制不健全等。[18]

最后，吸纳硕士毕业生的新渠道未充分拓展。2001 年教育部发布的《通知》中指出，硕士生传统的主要就业领域为高校、科研院所、国有大中型企业等用人单位。然而，目前该部分用人单位的需求增长速度与研究生增长不匹配，当前经济发展最为活跃而且吸纳就业力量强劲的民营、外企及其他灵活就业渠道却只吸纳了全部毕业生的 1/4。这一方面与硕士生就业期望值过高有关，另一方面反映了民营、外资企业等吸纳硕士生就业的新渠道尚未有效承接国家就业政策，不利于就业政策的执行落实。

四、结论与启示

史密斯模型是一个全面概括的模型，涉及影响公共政策执行的各要素，但政府不能因为受复杂的、不确定性的环境影响而规避问题，推卸责任，或是不作为，而是要在努力顺应现有条件的基础上，调节政策以实现其最优化效用，并能在正确认识和科学预测环境变化的前提下对现行政策大胆改进，以展现公共政策的前瞻性。因此，环境条件恶劣并不构成消极执行与分析政策的理由。目前，我们在各方面仍有改进空间。

（一）理想化政策层面：加强硕士研究生就业政策的法律化、体系化

政府首先要在保证政策制定主体合法性权威基础上，制定内容不违反法律秩序的硕士研究生就业政策，形成专业的、系统的就业政策体系，为硕士生就业提供保障。其次，政府应提升硕士研究生就业政策制定程序的科学性与民主性，在进行广泛的调查研究，收集相关的数据资料，并进行比较分析的基础上，增设硕士生及其就业过程中相关利益群体的参与渠道，扩大参与范围，拓展参与方式，对各种方案进行预测、评估并不断完善，增强政策可执行性，进而制定理想化的政策。

（二）执行机构层面：构建网络化治理体系，实现协同创新

我国继续采取“国家宏观调控、各级政府和学校推荐、学生和用人单位双向选择”的硕士研究生就业模式，则必然要明确中央和各级地方政府及其劳动就业部门、高校及其就业指导机构与用人单位的职能定位，形成一条自上而下的、无缝隙的执行机构，增强高校毕业生就业政策的执行效果。健全组织机构，加强相互之间的协商共治，构建网络化硕士研究生就业促进政策执行机关和就业支持服务体系，实现协同创新，充分调动社会各方面的力量为大学生就业服务。同时，要建立独立的、稳定的、专门的硕士生就业指导部门，完善就业指导管理信息系统，并不断提高就业指导人员的素质，增加资金投入，配备充足的物质资源。各政策执行机构进一步提高

认识，更新观念，创新政策执行方式，提高政策执行能动性，构建全方位、结构合理、功能齐全、积极回应的硕士毕业生就业指导、就业支援和就业服务体系。

（三）目标群体层面：硕士研究生目标化、明细化

影响我国硕士生就业促进政策有效执行的关键在于该政策目标群体在自身利益需求基础上对政策的理解和认同。所以，破解当前我国硕士生就业难的问题不仅仅是要制定政策，更在保证目标群体积极参与的基础上，要制定符合硕士毕业生利益需求的、真正反映硕士生就业意向的、能够被其接受和认同的政策。硕士生教育的目的不仅是博士生教育的准备，亦应是职业定向的专业教育的终结。[19]因此，高校要加强对硕士生的职业生涯规划教育，并在硕士生入学第一学期对其进行正规严谨的职业生涯规划，明确其就业意向和利益取向，帮助其树立正确的价值观和务实的求职观，进而采用针对性、适用性强的不同培养模式，重点培养，提高各硕士生的“就业能力”。具体来讲，可将硕士生的未来流向分为社会求职、读博深造、出国留学、自主创业等四种，通过对硕士生的职业生涯规划教育帮助其确定未来意向，进而对四种流向的硕士生进行分别培养和指导。可以设置不同类型的课程，也可设置同类课程但考核机制不同。对社会求职的硕士生，以培养解决实际问题的高层次应用型人才为主要目标，注重提高其实际操作能力和技能，并增强企业运营、求职技巧等方面的教育。对自主创业的硕士生则提供与外部企业学习交流的机会和一定的资金支持，培育高学历创业的价值链条，专门针对自主创业的硕士研究生制定指导政策。

（四）外部环境层面：优化高校教育环境，规范市场环境

一方面，高校通过硕士研究生的教育教学改革，改进培养模式，提高培养质量，增强硕士毕业生的就业能力；理顺硕士与本科既有

衔接又相对独立的关系，突出硕士生的科研能力、实践能力和创新能力培养，完善硕士研究生培养体系；着力实施创新创业教育，引导高学历学生自主创业。另一方面，进一步规范市场环境，规避市场壁垒，消除就业歧视和不公平竞争现象；加快户籍制度改革，平衡地区和行业发展，减少国家层面的制度性障碍；加强宏观调控，面向社会发展需求，引导理性就业。

参考文献：

[1] 顾明远．教育大辞典增订合编本（下）[M]．上海：上海教育出版社，1989：1858.

[2] 国家统计局．中国统计摘要 [M]．北京：中国统计出版社，2005：176，2006：186，2007：194，2008：183，2009：188，2010：172，2011：169，2012：168，2013：160.

[3] 两部门关于下达 2014 研究生招生计划的通知 [EB/OL]．[2014 - 05 - 30]．http：//www. gov. cn/xinwen/2014 - 05/30/content _ 2690502. htm.

[4] T. B. Smith. Policy Implementation Process [J]. Policy Science. V01. 4. No. 2，1973，203.

[5] [9] 刘保平．政府能力与有效性的政策过程分析 [J]．学术探讨，2003 (2)：40.

[6] 张淑林，裴旭，陈伟．我国研究生教育发展现状与问题研究 [J]．学位与研究生教育，2005 (6)：9—10.

[7] 卢现祥．西方新制度经济学 [M]．北京：中国发展出版社，1996：61.

[8] 冯蓉．研究生就业状况的调查与思考——基于北京某高校 2012 届毕业研究生的调查 [J]．高校辅导员学刊，2013，5

(3)：87.

[10] 高晓霞．日本大学生就业促进政策执行过程研究——基于史密斯模型的分析［J］．南京师大学报（社会科学版），2009(6)：31.

[11] 周建民，陈令霞．浅析我国大学生就业政策的历史演变［J］．辽宁工学院学报，2005，7（1）：105—106.

[12] 郑晓明．“就业能力”论［J］．中国青年政治学院学报，2002（3）：91.

[13] 乔东，王孙禺．我国研究生教育层次结构现状及问题分析［J］．清华大学教育研究，2007，28（2）：75—76.

[14] 李立国，黄海军．政府主导下的我国研究生教育发展特征［J］．复旦教育论坛，2014，12（1）：69.

[15] 张更辉，郑龙．研究生“就业难”问题的成因与对策研究［J］．中国大学生就业，2013（18）：9—10.

[16] 李海萍．研究生就业市场壁垒及其消解［J］．学位与研究生教育，2007（4）：9—11.

[17] 地税局招公务员要求“有乒乓球高级技能职业资格”［EB/OL］．［2014-06-15］．http：//www.v1.cn/2014-06-15/1173087.shtml.

[18] 覃素香．浅析我国硕士研究生就业问题的制度性根源［J］．延边教育学院学报，2013（2）：6—11.

注：文章原载于《扬州大学学报》（高教版）（江苏省一级期刊，全国高校优秀社科期刊），2015年第1期。

“国家建设高水平大学”公派研究生项目的实践与探索

——以北京师范大学为例

摘　要：自 2007 年开始，在推进“人才强国战略”的政策之下，以我国 49 所大学的研究生为对象、为期五年的“国家建设高水平大学”公派研究生项目开始实施。本文主要选取北京师范大学为例，针对该项目 2007—2008 年度的实施情况及特点进行尝试性的考察与梳理，分析与总结该项目在北京师范大学实施所取得的成绩与不足，以期对我国当下的教育改革尤其是研究生教育改革有所助益。

关键词：公派研究生项目；人才强国战略；三个“一流”

“国家建设高水平大学”公派研究生项目（以下简称“公派研究生项目”）是自 2007 年开始正式实施的公派研究生留学项目。2007—2008 年度，教育部和留学基金管理委员会共计派出研究生 8008 人，其中联合培养博士生 6302 人，攻读博士学位研究生 1706 人。其中，2007 年度派出 3952 人，2008 年度派出 4056 人[1]。参与公派研究生项目的囊括了北京大学、清华大学、北京师范大学等 49 所高校。公派研究生项目的实施为期五年，即 2007—2011 年，本文以北京师范大学为例，对该项目 2007—2008 年度的实施情况及特点进行尝试性的探讨与分析，对于今后继续开展该项目及相关项目将具有一定的参考价值与意义。

一、解读“国家建设高水平大学公派研究生项目”

国家建设高水平公派研究生项目，是指为贯彻落实人才强国战略，推进高水平大学建设，增强为建设创新型国家服务的能力，在重点建设的高水平大学中选拔一流的学生，到国外一流的院校、专业，并师从一流的导师的留学项目[2]，即所谓的“三个一流”的留学项目。该项目具体来说，主要是2007—2011年计划每年从清华大学、北京大学等49所高校中选派5000名研究生出国留学。该项目的主要实施工作由教育部与国家留学基金管理委员会负责，研究生在外留学期间，由其提供每月的生活费及一次往返国际旅费。在留学的院校方面，包括美国、欧洲各国、日本、俄罗斯等国的共计约100所大学。此次的公派研究生项目，无论从资助人数上，还是从资助金额方面来看，都是我国改革开放以来最大规模的公派留学生项目。自“国家建设高水平大学”公派研究生项目在北京师范大学实施以来，2007—2008年度共计派出研究生218人，其中联合培养博士生147人，攻读博士学位研究生71人。

二、公派研究生项目的实施情况与特点分析

自2007年“国家建设高水平大学”公派研究生项目实施以来，2007—2008年度北京师范大学共计派出研究生218人，其中联合培养博士生147人，攻读博士学位研究生71人。学生申报人数及录取人数具体情况如表1所示。如表1所示，与2007年相比，2008年度“攻读博士学位”的学生人数大幅增加，录取的总人数基本保持不变。

表1 北京师范大学国家建设高水平公派研究生项目申报及录取情况统计表

单位：人

年度	申请人数	录取人数	攻读博士学位人数	联合培养人数	男生	女生
2007年	135	110	22	88	49	61
2008年	190	108	49	59	45	63

（一）公派研究生项目申报与选拔阶段的特点

按照“选拔一流的学生，到国外一流的院校、专业，师从一流的导师”的原则，北京师范大学积极开展学生的申报与选拔工作。在研究生的申报与选拔阶段，主要具有以下几个突出的特点。

1. 学科方面：凸显重点学科及重点领域

2007年重点学科录取人数为84人，占76%；2008年重点学科录取人数为81人，占75%。在国家中长期科技发展纲要确定的重点领域方面，2007年录取人数为59人，2008年为55人。所有被录取的研究生均属于“985工程”创新平台/基地所确定的重点发展领域。

2. 专业方面：彰显特色专业及优势专业

据统计，2007—2008年北京师范大学录取人数最多的学科专业为：教育学、心理学、环境科学、地理学、生物学、数学、化学、物理学，这充分体现了其特色学科和优势学科的国际化水平。

3. 留学国度：地区广泛，美国居首位

2007—2008年，北京师范大学公派研究生分布于20个国家，其中派往人数最多的国家为美国、德国、法国、英国、日本、加拿大。其中，两年派往美国的研究生分别占总数的48.2%和42.6%。派往各国人数统计详见表2。

表 2　2007—2008 年北京师范大学国家建设高水平公派研究生项目留学国家情况统计一览表

单位：人

国家	2007 年	2008 年	国家	2007 年	2008 年	国家	2007 年	2008 年
美　国	53	46	德　国	14	14	法　国	11	6
英　国	6	6	日　本	3	10	加拿大	5	11
澳大利亚	3	3	丹　麦		4	瑞　典	1	6
挪　威	2		荷　兰	2		比利时	2	
瑞　士	1	1	意大利	2		匈牙利	1	
韩　国	1		新加坡	1		葡萄牙	1	
以色列	1		爱尔兰		1			

（二）公派研究生项目的问卷调查与特点探析

为了全面了解公派研究生在国外学习、科研、生活等方面的实际情况，了解他们的需求，听取他们的意见和建议，有针对性地优化公派留学政策，加强管理和服务工作，北京师范大学对 2007 年度派出的研究生实施了问卷调查，调查的内容包括对公派留学的认识与目的，留学期间的课程学习、科学研究、日常生活、参加国际学术会议情况等。本次调查自 2008 年 9 月开始，历时一个月，共发出问卷 110 份，实际收到 75 份。调查问卷分为三个部分：基本情况、问题调查、开放讨论，因篇幅所限，这里仅列出部分问题的调查结果和开放讨论部分的归纳总结。

1. 调查结果呈现与分析

在调查的学生中，有 11 人为攻读博士学位，64 人为联合培养博士生。学生联系留学院校的渠道主要依靠导师推荐（比例为 45.3%）和自己联系（比例为 41.3%），通过国家留学基金委合作项目联系的占 10.7%。留学院校（专业）大多数属于世界一流，世界排名前 100 位的院校占 69.4%（其中排名前 50 位的占 45.8%）。

具体结果统计如下：

（1）关于出国留学目的调查

“拓宽国际视野、提高学术水平”是全体公派研究生出国留学的共同目标，有57.3%的研究生选择了“提高博士学位论文质量”，还有33.3%的研究生选择了“为了找个好工作”（86.7%的研究生希望回国后留高校任教）。

（2）关于公派研究生学习情况的调查

出国攻读博士学位的研究生注册率100%，享受留学院校的各项教学资源。联合培养博士生在留学院校的注册率达到64.6%，对留学院校的各种教学资源的享有权分布如下：图书馆借阅权95.4%，学术报告（讲座）参与权95.4%，Seminar参与权87.7%，实验室使用权69.2%，旁听课程权利84.6%，正式选课权23.1%。研究生每学期选课平均2门以上的为54.1%，选课1门以上的达到68.9%，有31.1%的研究生没有在留学院校选课。

（3）关于公派研究生科研情况的调查

公派研究生参与国外导师的科研项目的比例为69.3%，考虑攻读博士学位的一年级学生主要以课程学习为主的因素，联合培养博士生参与科研项目的比例为83%。参与科研项目的研究生，每周平均投入科研活动的时间在30小时以上的比例为60.3%，每周平均科研时间在10小时以上的达到86.2%。公派研究生有49人曾经参加国际会议，有25人提交了会议论文。国外留学期间，有31人发表学术论文，共计60篇，其中国外期刊19篇。公派研究生留学期间，国内导师在学术上给予较多指导的比例只有47.9%。联合培养博士生的留学研修计划与博士学位论文的相关度很高，达到95.9%，其中两者联系非常紧密的比例达到52.1%，两者不相关的比例只有4.1%。研修计划与国内导师的科研课题结合较为紧密的比例为

47.9%，两者基本一致的比例为33.8%，不相关的比例为17.3%。国外学习一年来，有69.7%的博士生基本完成学位论文或完成论文的核心部分，进展缓慢的只有10.6%。公派研究生对本学科、领域最新文献阅读掌握情况非常好。70.3%的研究生通过大量阅读，能掌握学科前沿发展；28.4%的研究生比较关心，对发展方向有一定的了解，只有1.4%的研究生阅读较少，不了解学科前沿。

（4）关于公派研究生国际视野的调查

大多数公派研究生与国外老师、同学积极交往，并建立了国际学术联系。29.3%的研究生广交国际朋友，建立良好学术联系；60%的研究生交往朋友较多，有一定学术联系；只有8%的研究生只有个别朋友，学术联系较少。80%的公派研究生对留学国家（地区）的历史、文化有一定的了解，82.7%的公派研究生对留学国家和留学院校的学位和研究生教育制度及相关政策比较了解。

（5）关于公派研究生外语应用能力的调查

外语应用能力，只有20%的研究生完全满足国外学习、生活的需要，69.3%的研究生基本满足，有10.7%的研究生只能勉强应付。65.3%的研究生认为出国前有必要加强外语应用能力的培训，尤其需要提高听说能力。国外导师对公派研究生的外语水平很满意的比例只有20%，不满意的为2.7%。

（6）关于奖学金、生活费的调查

总体来说，国家提供的奖学金、生活费标准不是太高，欧元区好于美元区。特别是美国一些地区因房租开销较大，造成较大的经济压力。在发扬节俭的优良传统的基础上，国家提供的奖学金、生活费基本满足生活必需的研究生数比例占58.7%，完全满足需要的仅占10.7%，不够开支的占30.7%。77%的研究生认为奖学金、生活费的资助标准需提高10%以上才能满足生活需要（其中18.9%的研究生觉得应提高 30%），23% 的研究生觉得不需要提高资助标准。所有被调查研究生的生活费支出情况见附件 1（公派研究生国外生活费支出情况表）。

（7）关于缴纳保证金的调查

调查结果显示，53.3% 的公派研究生觉得缴纳 2 万元的保证金压力比较大（其中，17.3% 的人感觉压力太大），保证金的来源主要依靠个人或父母积蓄（65.3%）和向亲朋好友借钱（30.7%）。

（8）对公派研究生项目的总体评价

绝大多数公派研究生对该项目评价较高。33.3% 的研究生认为公派研究生项目非常好，能培养大批高层次创新型人才；60% 的研究生认为该项目能取得较高的效益，拓宽国际视野，提高研究生培养质量；6.7% 的研究生感觉留学效益一般，应调整政策。

2. 开放讨论部分的结果呈现

在我们的调查问卷中，设置了“开放讨论”部分。对开放讨论部分内容的归纳与分析如下：

（1）对国外课程的评价及与国内课程的比较

通过调查，留学生通过研修国外院校的课程，将国外课程的优点与国内课程的不足相比较，可以概括为以下几个方面：小班授课，开放灵活；视野开阔，关注前沿动态；信息量大，教学资料丰富；选课自由，教师态度认真；实用性强，教材选用较好；讨论为主，教学方法灵活。

（2）公派研究生在促进学科国际学术交流方面做出的贡献

通过调查，留学生对促进所在学科国际学术交流方面的贡献，主要体现在以下三个方面：

①促进交流，传播文化

在留学期间，广大留学生一方面充分了解和认识了一些本学科领域的国外研究机构和相关学者，建立了良好的学术联系，为学科国际化奠定一定基础；另一方面，他们也通过学术会议，宣传了所在学科，使国外学者加深了解中国此学科的内涵和研究状况。每个留学生都是中国文化的传播者，让国外的人能够更亲身地更多地了解中国和中国文化。哥伦比亚大学的北师大留学生们在哥伦比亚大学教育学院举办了关于中国教育的小型报告，反响强烈，很多外国友人对中国教育学研究产生了浓厚的兴趣。

②增进互访，加强合作

留学生作为北师大导师与国外导师之间联系的纽带，在两位导师的合作方面做出了巨大的努力，并取得了一定的成绩。在留学生的协助下，多位外国专家受邀访问北师大。除此之外，留学生还促成了一些学科领域的开创性合作，例如，我校天文系的窦玉江同学帮助中国国家天文台太阳射电组与新泽西理工学院的太阳研究中心、美国国家射电天文台建立了合作项目，并负责项目的联络工作，相互通报项目进展。

③共享资源，积极参与

国外众多高水平的学术资源为广大留学生提供了一个极佳的学术平台，留学生可以获得最前沿的学科资讯和研究动态，这为留学生个人的学术成长提供了丰富的养料，也是人才培养的一个重要条件。留学生在留学期间，为我国学术资源走向世界也做出了自己的贡献。例如，我校刑事法律科学研究所的赵书鸿同学在“马普国际与比较刑法研究所”留学期间，积极推荐中国的法律书籍给其他国家的教授。同时，促成了外国教授将其在国内导师赵秉志老师的著作翻译成波斯语出版，这对促进中国文化的国际交流起到了积极的作用。

在此问题的调查中，我们发现，很多同学表示自己在留学期间的主要任务是努力学习、积累知识，尚不具备能力为所在学科的发展做贡献。但是作为文化交流的使者，他们点滴的成长都在为跨文化的交流做贡献。同时，广大留学生也都纷纷表示要通过自己的努力为祖国的发展尽自己的一分力量。

(3) 对公派研究生项目的意见和建议

受访学生对公派研究生项目的意见和建议可以归纳为以下几个方面：在派出选择上，不仅要考虑派出学校的排名情况，更好考虑导师和实验室的因素；国家在派出留学生的时候，对学科的发展应有战略性的考虑；资助标准亟须提高，并做更为详细的划分；在资助标准上，攻读博士学位和联合培养应给予相同待遇；为联合培养学生创造更多的便利条件；在派出研究生之间建立广泛的联系，加强大使馆对留学生的组织和支持；加强国内外导师对派出留学生的指导；增加攻读博士学位的派出留学生的比例；加强对留学生留学期间的跟踪管理，了解留学生的当下状况，同时与留学单位进行沟通，得到相应的反馈；严格选拔公派留学人员，真正发挥项目的意义；加强对公派留学生的外语培训；设立优秀留学生奖，或者组织出版留学生的优秀研究成果，从而更好地督促和激励留学生在国外积极开展学习与研究活动。

三、结语

通过分析问卷调查的结果表明，公派研究生项目在北京师范大学的实施得到了学生们的高度评价。通过实施国家公派研究生项目必将培养一批能够提升自主创新能力、具有国际视野的拔尖创新人才，能够建立比较广泛的国内外稳定持久的学术交流渠道，使重点支持的科研团队和学科专业达到世界先进水平。值得注意的是，公派研究生项目实施的初期还存在着一些问题。例如，学生们希望国家能加大公派留学资助力度，增加公派留学名额，提高联合培养博士生的比例，加强留学期间的管理，制定相应的约束和激励机制等，这都需要我们在项目今后的实施工作中加以改进与完善。

参考文献：

［1］国家建设高水平公派研究生项目，

http：//cn. qikan. com/Article/szxr/szxr200810/szxr20081002. html，2008－10－02

［2］国家建设高水平大学公派研究生项目实施办法，中共中央教育部办公厅文件，教外厅〔2007〕1号附件第二条。

注：文章原载于《高等理科教育》，2011年第5期（11月号）。

04

其他

试析“联校论文奖计划”资助项目的历史、现状与问题

摘　要：“联校教育社科医学研究论文奖计划”发展至今，已有二十年的历史。在这一发展历程中，该计划取得了令人瞩目的成绩，在发展规模、课题设置及管理体制等方面均有所改善与进步。本文主要针对1994—2014年这二十年间“联校论文奖计划”资助高校、资助对象及资助论文类别三个方面的演变过程，进行梳理与分析，并将其与霍英东基金进行了初步比较。

关键词：“联校论文奖计划”；霍英东基金；比较

一、“联校教育社科医学论文奖计划”简介

1983年，邓小平为北京景山学校题词：“教育要面向现代化，面向世界，面向未来”，为我国教育发展指明了方向。改革开放以来，尤其是20世纪八80年代末期、90年代初期，西方教育与社会科学理论大量涌入我国，其中不乏先进思想，借鉴和引进其理念、内容与研究方法为我国传统教育内涵和社会科学研究提供了新的思路、方法与研究视角。但是现实状况也着实令人担忧：一些青年学子盲目崇拜西方学术理论，一味照搬与模仿，诸如主观主义、经验主义的广泛应用，造成研究过程过于模糊、宽泛与松散等[1]。针对

此种情况，“联校教育社科医学论文奖计划”（以下简称“联校论文奖计划”）应运而生。该计划创立于1994年，由香港中文大学及美国密歇根大学杜祖贻教授、北京师范大学顾明远教授等知名学者共同倡议发起，香港中文大学和内地十几所大学共同合作，参与其中。该计划提倡对跨文化的比较研究，积极发展教育及社会科学理论的本土化学术方向，端正价值取向；该计划面向研究生及青年教师，无偿资助论文撰写及科研项目研究，推动各地区、各校青年学子之间的学术交流与合作。发展至今，该计划已涉及三类选题：教育学及心理学、哲学及社会科学、医学（此为医学院申报）。

二、“联校论文奖计划”资助项目的演变及特点

“联校论文奖计划”自1994年成立以来，历经了二十年的风雨。在其发展历程中，资助制度及管理体制方面逐步健全、规范，资助政策适时调整，从而有利于其长期与稳定发展。

（一）资助政策的变化

首先，来看该计划的管理模式及资助政策的变化。1994—2002年，该计划的管理模式主要为：内地参与高校与香港中文大学分散领导；到2003年，香港和内地参与高校的专家学者组成了理事会和专家委员会，统一领导，每年发布“课题申报指南”，在课题选择方面予以指导，同时加大资助力度，提供更为充足的经费支持；2007年，该计划最终定名为“联校教育社科医学研究论文奖计划”，更准确地反映出了宗旨、本质、范围与特色。2010年11月，在“联校论文奖计划”学术委员会、评审委员会扩大会议上，经讨论决定，不再接受“985工程”高校的社会科学和教育类青年教师、博士后的申报；原则上不再接受“211工程”高校的社会科学和教育类青年教师、博士后的申报；非“211工程”高校的社会科学和教育类的

研究生和青年教师、博士后人员及论文奖两个高校医学类研究生和青年教师、博士后人员均可申报“联校论文奖计划”课题[2]。此规定限制了部分高校青年教师及博士后研究人员的申报工作。

（二）资助项目（论文）的变化及特点

回顾1994—2014的发展历程，“联校论文奖计划”取得了丰硕的成果，获得资助高校共计16所，获得资助论文达1342篇。在16所高校中，东北师范大学获得资助的论文数量最多，为260篇；其次是北京师范大学，为259篇；而在医学类高校中，获得资助的论文数量最多的上海第二医科大学，共计80篇。

1. 资助院校的变化

“联校论文奖计划”成立之初，只有8所内地高校参与其中；目前已有北京大学、北京师范大学、东北师范大学、广州大学、华东师范大学、华侨大学、清华大学、上海交通大学医学院（原上海第二医科大学）、华中科技大学同济医学院、中国人民大学、国家开放大学（原中央广播电视大学）、中央民族大学等12所高校参与其中。从资助院校的变化来看，2002—2003年度，只有5所高校获得资助；2003年以后，资助高校的数量便一直保持在12所，仅有轻微浮动；2009—2010年度数量最多，有13所高校获得资助。至2009年，获得资助的研究生、博士后及青年教师已达1063人。

2. 资助对象的变化及特点

在16所院校的资助对象方面，总体来看，博士论文和硕士论文在资助对象中占有重要比例。在所有论文中，博士论文500篇，硕士论文520篇，占论文总量的76%左右。其中，北京师范大学获得资助的博士论文数量最多，为130篇；东北师范大学获得资助的硕士论文数量最多，为141篇。在2010年新政策的影响下，“211工程”“985工程”高校将会减少青年教师、博士后研究人员的申报工作，在资助对象中，比例也会相对有所减少；而非“211 工程”“985 工程”高校将会有更多论文申报的名额。总体来说，博士后、博士生、硕士生以及青年教师的比例将会有所变动。

3. 资助论文类别的变化趋势及特点

在各高校资助论文类别方面，据统计，青年教师论文 307 篇（医生撰写的论文 3 篇，香港中文大学的一篇论文尚未进行作者身份的分类）；教育学、心理学论文 789 篇，哲学、社会学论文 423 篇，医学论文 130 篇。如图 1 所示，从年度资助论文的类别来看，教育学、心理学论文也是遥遥领先，其中论文数量最多的是 2002—2003 年度，达到 57 篇，2003—2004 年以后，呈现相对下降趋势；其次是哲学、社会科学领域，2003—2004 年以后，资助力度有所减小；而医学规划论文则尚有扩大空间。对各高校获得资助的论文类别加以比较，结果显示，北京师范大学在教育学、心理学领域内的论文数量最多，共有 252 篇，占该校资助论文总量的 97.30%；东北师范大学在哲学、社会学领域内论文数量最多，有 132 篇，占资助总量的 50.77%；而在医学领域，上海交通大学医学院获得资助的力度最大，为 90 篇。据统计，在 16 所高校中，师范类高校获得资助力度最大。北京师范大学、东北师范大学、华东师范大学三所师范类高校获得资助的论文总量为 710 篇，占资助总量（1342 篇）的 52.91%。

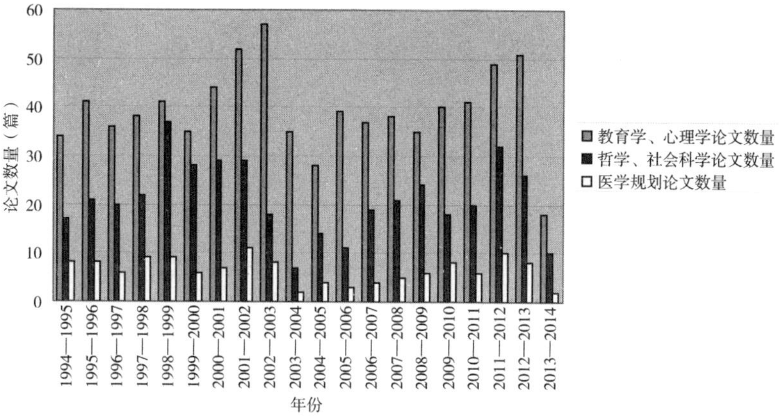

图 1　1994—2014 年度资助论文类别年度数量一览

具体来说，师范类大学在“联校论文奖计划”的创立过程中扮演了重要的角色，学科基础雄厚，诸如：北京师范大学、东北师范大学及华东师范大学均属于教育部直属的师范类高校，课程设置比较完善。随着高校规模的逐渐扩大，诸多师范类高校向研究型大学方向转变，在某种程度上，促进了“联校论文奖计划”的发展与进步。

三、“联校论文奖计划”的现状与问题（兼与霍英东基金比较）

与“联校论文奖计划”相比，香港霍英东基金成立较早。香港霍英东基金成立于 1986 年，由原全国政协副主席、香港著名实业家霍英东先生（1923—2006）出资 1 亿港元，与原国家教委（现教育部）合作成立。香港霍英东基金已经成为最受我国高等教育界瞩目和赞誉的奖项之一，基金会给予高校青年教师资助和奖励，培养出了一批优秀的学科带头人，为我国高等学校教育科研事业的发展做出了突出的贡献。截至 2009 年年底，香港霍英东基金会共资助 2944

名青年教师，资助总额约 2158.9 万美元。与霍英东基金相比，“联校论文奖计划”成立较晚，于 1994 年成立，且发展历程较短，虽然这两个项目资助方都是来自香港机构与香港爱国人士，但两者还是存在一定的差异。

（一）管理体制方面

“联校论文奖计划”设有理事会、学术委员会、评审委员会以及秘书处等机构部门。其中秘书处设在北京师范大学国际与比较教育研究院，依托高校，服务众多研究生与青年教师。而霍英东教育基金会理事会是霍氏企业与教育部合作所创，设有理事长、副理事长及理事等相关职位。其中理事长为霍氏企业的霍震寰先生。与“联校论文奖计划”的不同之处是该基金会北京办事处是教育部港澳台事务办公室，而不是内地的高校机构与部门。

（二）设立宗旨方面

“联校论文奖计划”与香港霍英东基金两者的创立宗旨存在些许差异，但是两者的最终目的都是为了资助学术探索与科学研究。其区别在于，前者主要是以“提倡跨文化的比较研究，积极发展教育及社会科学理论的本土化学术方向，端正价值取向”为目的；而后者主要是为了鼓励高校以及出国留学并回国任教的青年教师。

（三）资助对象方面

“联校论文奖计划”同香港霍英东基金相似的一点便是：在资助对象中，都有青年教师群体的存在，但两者的资助条件有所差异。后者对申请课题的高校范围加以限制，公布了 261 所高校拥有的参与资格，而其他身肩教学、科研任务的青年教师可以由 261 所大学中的一所大学向霍英东教育基金会推荐，方可申请项目与基金。

由此可以看出，“联校论文奖计划”在高校参与方面仍需加大宣传力度，适当瞄准资助对象群体，完善规定性条例，在目前 12 所高校的参与基础上，有步骤、有计划地鼓励与号召更多的高校群体参与其中。

（四）课题申报方面

香港霍英东基金在论文选题上并没有学科间的严格限制，比较宽泛，理事会每两年公布一次课题申报指南，包括：数学、力学及物理学等基础性研究学科；也包括信息技术、交通技术等应用领域，这与计划宗旨密切相关。在课题设定方面，“联校论文奖计划”相对单调一些，《指南》只是一个涵盖性的课题内容，在研究层次方面可以自行选择视角；而香港霍英东基金将课题结构层次分为：基础研究课题和应用研究课题，围绕其展开问题综述，内容深刻而完整。

（五）资助力度方面

在“联校论文奖计划”中，由国内著名教授组成的学术委员会匿名评审后立项，其中“一级项目”资助经费8000元，教师指导费800元；“二级项目”资助经费5000元，教师指导费500元。在立项后，只能发放2/3，只有项目完成后，才全部发放。比较特殊的是医学领域，只设规划项目，获奖者经费及行政管理费均由获奖单位统一支配。而在香港霍英东基金中，是按照课题的研究层次来进行区分，诸如基础性研究课题，资助金额不超过20000美元；基金应用研究课题资助额为20000美元。其中奖金最高额为5000美元，最低额为1000美元。“联校论文奖计划”在此方面可以加以借鉴，根据项目的性质及研究程度加以调整，在资助金额上实现阶梯型变化，有更大的活动范围与灵活性。

四、“联校论文奖计划”的对策与建议

基于“联校论文奖计划”的基本情况以及存在的部分问题，我们对其未来的发展方向提出合理性的建议与对策。

（一）加大青年教师的资助力度

众所周知，青年教师有的刚入职，既有来自教学等工作方面的压力，又有来自房子、婚姻等家庭方面的压力，尤其在课题经费申请方面难度较大。“联校论文奖计划”在政策制定方面应该有所倾斜，在2010年制定的新政策中，对非“211工程”高校的青年教师提供了更多机会。

“联校论文奖计划”应该在此基础上，继续加大对非“211工程”高校青年教师的资助力度，在教学工作的同时，使其有机会、有能力进行学术研究、学科交流与科研建设，真正发挥该计划对于学术成长的鼓励效用。

（二）扩大医学类高校的参与规模

在“联校论文奖计划”的论文资助类别中，医学规划论文的比例相对来说还是比较低的。现代高等教育提倡必须将教育与医疗卫生结合起来，强调学科的交叉与融合。在此宗旨指导下，“联校论文奖计划”可以在以下方面做出相关调整：

1. 鼓励更多的医科院校参与

“联校论文奖计划”中只有两所医科高校——上海交通大学医学院和华中科技大学同济医学院，比例很少。在某些学科领域有雄厚研究实力的高校应该鼓励优秀研究生与青年教师队伍积极申报医学规划类课题，加强学术交流。

2. 加大医学类高校附属医院的支持力度

在针对具体高校进行分析的过程中，我们可以看到上海交通大学医学院有医生、附属医院及重点科室的参与，这是一个很好的发展方向。以华中科技大学同济医学院为例，在该学院下，有协和、同济等直属医院，医疗科室齐全，技术力量雄厚，仪器设备先进。相对来说，这些附属医院拥有更多的规范化设备和丰富的临床经验，可以为“联校论文奖计划”提供更多的科研人才，增强实力。

在2013最新医学院排名中，上海交通大学医学院与华中科技大学同济医学院分列第四位和第五位，相信在两所重点医科学院的领导下，更多的医学类高校可以参与其中，最终提高医学类高校的医学水平与附属医院的服务质量。

3. 扩大非“211工程”、理工科高校的参与，丰富文化特色

从“联校论文奖计划”与香港霍英东基金的对比中，我们可以发现一个明显的现象：“联校论文奖计划”中高校范围过窄，而且主要以“985工程”“211工程”高校为主，论文类别性质有所限制。

“联校论文奖计划”可以适当将一些非“211工程”高校、理工科高校引入计划中来。这样既可以获得论文撰写和课题研究方面的资助与指导，又可以促进学科交流，提高研究层次。从另一个角度来说，有很多理工科高校的文科学科正在起步与建设阶段，师资力量、硬件设备都不完善，“联校论文奖计划”可以说是一个优化学科建设结构的专业平台，参与其中，实现互赢。

4. 丰富课题指南，实现学术研究成果

“联校论文奖计划”在课题申报指南方面可以借鉴香港霍英东基金的优秀经验，即在现有学科的基础上，划分层次，包括课题研究性质、资助金额梯度等，这一系列过程在课题指南中都应该进行详细说明，使之可操作性更强。

5. 鼓励受资助群体回馈计划，延续传承

经过20年的发展，老一辈知名学者与专家兢兢业业，编制论文课题、筹集资助经费、指导论文撰写等，为“联校论文奖计划”奠定了良好的基础；另一方面香港爱国人士与社会团体是“联校论文奖计划”的坚实后盾，尤其是2007年以后，香港圆玄学院的汤伟奇先生一直对该计划提供稳定的经费支持，不断加大资助力度，在此

要感谢他们对于“联校论文奖计划”所做出的巨大贡献。除了前辈们的大力支持外，曾经获得资助的研究生、青年教师群体对“联校论文奖计划”也应该有所回馈，可以通过资金资助，也可以举办一些学术交流活动或者研讨会，交流学术前沿问题，探讨科学研究方法，这种学术精神传承是十分必要的。

参考文献：

[1] 岳伟，胡志坚．教育学理论的贫困：反思与应对 [J]．辽宁师范大学学报，2005（02）

[2] 关于做好“联校教育社科医学研究论文奖计划”2014－2015年度课题申报工作的通知．[EB/OL]．[2014－06－15]．http：//www. skc. hqu. edu. cn/s/178/t/961/ca/b7/info51895. htm

注：文章原载于《黑龙江教育（高教研究与评估）》（中国核心期刊遴选数据库），2015年10月（第5期）。

我国高校专业结构调整的影响因素探析

摘　要：改革开放以来，中国高等教育实现了跨越式的发展。然而，近年来越来越多的大学生出现了就业难的困境。高校专业结构调整成为迫在眉睫的一个问题。通过对我国高校专业结构调整的影响因素的梳理，我们认为，在多个影响因素中凸显了三个主要的影响因素。

关键词：中国高校；专业结构；市场因素

改革开放以来，中国高等教育实现了跨越式的发展。2007 年，我国各类高等教育总规模达到 2700 万人，是 1949 年高等学校在校生人数 11.65 万的 231 倍。2012 年，我国高等教育毛入学率达到了 26.9%，2013 年我国高等教育毛入学率更是达到了 30%。但是，就在中国保持了 7% 以上的经济高速增长，我国的高等教育毛入学率达到 30%，进入了世界公认的高等教育“大众化”阶段之时，却有越来越多的学生面临着“毕业即失业”的就业难困境，越来越多的大学、企业抱怨毕业生素质与能力难以令人满意。据《2009 年中国大学毕业生就业报告》统计，2008 年毕业半年后仍未就业人数最多的 10 个本科专业失业人数为 10.75 万人，占本科生失业人数的 35.9%，其中有 8 个专业同时也是上一年毕业生失业人数最多的专业：法学、计算机科学与技术、英语、国际经济与贸易、工商管理、汉语教学、电子信息工程、会计学[1]。导致此类问题产生的原因有多种，高等教育科类与专业结构性失衡便是其中的一个因素。因此，对我国高校专业结构的调整势在必行。本文将对我国高校专业结构调整的影响因素加以分析。

一、专业结构之解读

所谓高等教育结构，是指高等教育系统的内部各组成部分之间的联系方式、比例关系和相互作用的形式[2]。科类结构是指不同类型的学校和专业设置之间的比例关系，是一种横向结构，又称之为专业结构。高等教育的科类结构主要包括工科、农科、林科、医药等学科专业。所谓学科，是指一定科学领域或一门科学的分支。学科是为了教学的需要把某一门科学的浩繁的内容加以适当的选择、合理的组织和排列，使它适合学生身心发展的水平和某一级学校教育应该达到的程度[3]。所谓专业，在教育上是指高等学校或中等专业学校根据社会专业分工的需要设立的学业类别[4]。与清末开始引进的大学教育制度并无直接联系，专业是新中国成立后学习苏联模式进行高等教育制度改革的一个新产物。高等教育科类结构受一国的经济、文化教育发展水平和经济结构的制约，并且它又要适应经济、社会发展和经济结构的需要[5]。科类结构与国民经济产业结构和科学技术发展的需要密切相关，对人才的合理使用具有重大影响，是高等教育结构中的一个重要因素。合理的高等教育科类结构对经济和社会发展、经济结构的合理化均有重要作用。高校专业设置与其结构要适应国民经济产业结构、部门结构等对劳动力、专业人才的需要，以提高教育结构的经济效益[6]。

二、影响因素之一：科技进步与知识分子的因素

新中国成立以前，由于国际及国内环境的变幻，我国的高等教育制度变迁大致经过了学习、借鉴日本—德国—美国这样一个发展轨迹。在1912—1949年这一阶段，高等教育的调整既包含着国民政府的因素（主导因素），也包含着广大知识分子的因素。民国时期，我国的高等教育制度变革在取向上呈现出较为复杂的情形。就理论层面而言，表现出力图摆脱单一的来自日本方面的影响，而以欧美，特别是以德、法两国教育为取向的倾向，但在实践层面（学制、课程），却仍然以取法日本教育制度为基本特征[7]。例如，在《大学令》中规定，大学设文、理七科，各科下设讲座，大学的修业年限为预科三年，本科三至四年，大学之上设有没有年限的大学院等，这些规定都与当时日本的大学制度基本相同。正如蔡元培所说，“至现在我等教育规程，取法日本者甚多。此并非我等苟且，我等知日本学制本取法欧洲各国。惟欧洲各国学制，多从历史上渐演而成，不甚求其整齐划一，而又含有西洋人特别之习惯；日本则变革时所创设，取西洋各国之制而折中之，取法于彼，尤为相宜。然日本国体与我不同，不可不兼采欧美相宜之法”[8]，对于现代化起步较晚的中国来说，借鉴西方发达国家的教育制度需要一个作为过渡的桥梁，取法日本，缘由在此。蔡元培就任民国教育总长以后，标志着中国现代高等教育取法欧美新阶段的开始，他在《大学令》中取消经学科，不以忠孝相号召，确立教授在大学的主导地位，执掌北大后，他强调“大学者，研究高深学问者也”；“遵思想自由的原则，兼容并包”；主张“以美育代宗教”[9]；扩充文科、理科，停办工科、商科，以及建立研究所、实行选科制等，均打上了德国大学的烙印。新文化运动以后，我国教育界出现了学习西方的热潮，高等教育制

度变革的学习对象逐渐从日本、德国转向了美国。1895 年甲午战争以后，中国人曾忍辱负重向邻国日本学习，并通过日本进而向西方学习。当时的国人认为，日本的成功得益于大力发展教育，而中日两国“政教相同，习俗相近”便于学习与借鉴。进入 20 世纪以后，美国的政治、经济地位迅速提升，已从建国时间较短、紧紧跟随英、法等国的小角色转而发展为实力强大的国家。美国走向强大的实例让中国的知识分子们为之向往。近代以来的倍受欺凌，让中国的知识分子们渴望通过学习西方的科学技术以改变国家落后的面貌，正是在此背景下，美国自然取代了日、德等国成为了中国知识分子心目中的“先生”。1915 年以后，留美学生陆续回国，他们广泛涉足于当时的教育行政部门、文化教育机构、教育学术团体，他们直接参与和影响教育大政方针的制定；他们发挥着 20 世纪 20 年代的教育理论研讨的主力军的作用；他们当中的许多人成为高校的领导者、院系的主要负责人、教育科研的主力军；他们大量地借鉴了美国的高等教育制度以及办学思想。借鉴、移植西方先进国家的高等教育制度，并使其本土化，进而成为我国高等教育体系中的有机组成部分，这无论从理论抑或实践层面来讲，都是后发国家的必然选择。与此同时，残留在我国高等教育体系中的日、德等国的元素也必将伴随着我国的高等教育科类结构与专业结构此后所进行的一次又一次改革。

三、影响因素之二：来自政府的因素

高等教育科类结构在调整的过程中存在着一个重要的影响因素，即来自政府的因素。新中国成立后，我国高等教育迎来了全面学习前苏联的热潮。在政府的主导下，我国的高等教育开始了学习与借鉴前苏联的历程。在前苏联高等教育模式的影响下，政府对新中国

成立前美式的高等教育体系进行了大刀阔斧的改革。将“专业”引入高等教育领域就是在这一时期，通过对前苏联高等教育中专门化教育模式的引进，从而快速培养国家经济建设和社会发展所迫切需要的各类高级专门人才。其专业的划分，主要是根据社会职业分工、学科分类、科学技术和文化发展状况及经济建设与社会发展需要划分，高等学校据此制定培养目标、教学计划，进行招生、教学、毕业生分配等各项工作，为国家培养、输送所需的各种专门人才；学生亦按此进行学习，形成自己在某一专门领域的专长，为未来职业活动做准备。学者许美德（R. hayoe）认为，20 世纪 50 年代中国的高等教育体系是在前苏联的帮助下、在社会主义计划经济的限制条件下，通过发展高度专门化的院校来为各个经济部门培养人才，整个高等教育体系自上而下实行严格管理，高等院校或地方教育当局几乎没有什么自主权[10]。

正如 20 世纪 50 年代曾任高等教育部副部长的曾昭抡所说，每种专业各有一套具体的教学计划，所列的各种课程，都是必修，没有选修科目。把高等教育人才培养与国家的经济、政治需要密切联系起来，这是 20 世纪 30 年代前苏联高等教育领域的一项显著改革，其核心目标在于“在国家和经济政策的框架下，提供专业化的职业训练”，专业划分与培养方案制定是国家控制高等教育人才培养的重要手段[11]。因此，在计划经济体制下，很长一段时间，我国高等学校根据上级教育行政部门的计划指示（包括专业设置的种类与规格、人才培养的规模与方式、毕业分配的去向与渠道等），设置专业，培养专门人才。但是，随着我国由计划经济体制向市场经济体制的转变，高等学校自主办学的呼声日益高涨，仅仅依靠上级部门的指示设置专业、培养人才之路似乎已山重水复，正确认识高等教育与市场的关系也才得以柳暗花明。

20世纪50年代以来，我国高等学校的专业种类由于外界的需求呈现强烈的增加趋势，1953年全国高等学校设置专业215个，1957年增至323个，此后，我国高等学校的专业设置又历经多次调整，但总的趋势是专业划分愈来愈细密，专业口径越来越窄。1962年，全国高等学校专业增至627个，1978年又增至819个，而1980年则达到了1039个。随着我国经济增长方式的转变，政府部门已经逐渐认识到曾经深受苏联模式影响的我国的高等教育专业设置中存在一些问题：专业范围过于狭窄，专业名称较为混乱，专业结构和布局不够合理等。于是，政府又对专业设置尝试性地进行了多次调整，对部分专业范围过窄、理论基础比较薄弱的专业进行了合并，新兴、边缘学科以及缺门、短线专业得到了加强，专业名称逐步得到了科学化、规范化，逐渐形成了专业门类比较齐全、结构比较合理的专业体系。从专业数量上来看，自20世纪80年代以来，专业数量呈现持续下降的趋势，1986年为826个[12]，1993年又降为504个，1998年则降至249个。设置的专业数量减少了，与此同时，培养人才的专业口径拓宽了，毕业生的适应性有所增强。

高等学校根据就业市场、学校自身的条件与特点自由设置专业是高等教育专业发展的必然趋势。西方的大学多为自主设置专业，而我国大学专业的设置长期以来则由大学按照国家规定的专业目录设置，通过学校申报、教育行政部门审批等一系列程序，专业设置欠缺灵活性。缺乏灵活性与个性的专业设置难以培养适应国际化、全球化的人才。对此，我国政府开始了赋予高等学校专业设置权限的探索与实践。改革开放以来，随着经济体制改革的不断推进，政府对高等学校监管过多的弊端不断凸现，为此，1985年《中共中央关于教育体制改革的决定》中提出，"要扩大高等学校的办学自主权，在国家政策、法规的前提下，高等学校有权调整专业的服务方向，促使高等学校具有主动适应经济和社会发展需要的积极性与能力”[13]。这是我国20世纪80年代探索高等学校专业设置与管理机制改革的开端。1986年3月，《高等教育管理职责暂行规定》中的明确规定，各类高等学校的专业设置权限依然在上级主管部门。1989年，《普通高等学校本科专业设置暂行规定》让赋予高等学校实质性的专业设置权限进入了一个突破性的阶段。其中规定，根据专业调整、增设等设置的情况不同，可分别由高等学校、学校主管部门、国家教育委员会分工负责和审批；在专业目录内调整专业可由学校自主负责审定[14]。与以往相比，这次改革的最大进步在于给予高等学校一定的专业调整自主权，虽然该“自主权”仍有较大的限制。1993年《普通高等学校本科专业目录》（以下简称《目录》）和《普通高等学校本科专业设置规定》中特别说明，“高等学校可根据人才需求变化及时设置或调整专业方向，对于《目录》中所列的专业，高等学校可根据不同情况选用、不用或自定”[15]。因此，高等学校设置目录外专业的审批权限得以下放，专家在高等学校专业设置的审批过程中的作用得以强化。该文件是新中国成立后我国高等教育专业设置与管理体制改革的一项重要文件，它标志着高等学校的专业设置审批权从过分集中于教育部向分级审批制度的转变。1998年，《中华人民共和国高等教育法》颁布，标志着我国高等教育进入法制化的发展阶段。该法第33条规定：“高等学校依法自主设置和调整学科、专业”。[16]自主设置专业成为我国高等学校依法自主办学的一个主要方面。1998年颁布的《专业目录》和《普通高等学校本科专业设置规定》是我国高等学校自主设置和调整学科、专业的主要依据。1999年，我国实行本科生大规模扩招的政策，随着高等教育大众化步伐的推进，如下表，2001—2008年六年间本科生增加了1.4倍，设置本科专业的高等学校数增加了近70%。

表1 2001年与2008年我国普通高校本科专业设置状况一览

	专业数量	专业布点数	设置本科专业学校数	普通高校本科生在校人数	均专业点学生数	校均本科专业点数
2001年	325	13344	629	4243744	318	21.2
2008年	536	34846	1064	10243030	294	32.8
增幅%	64.9	161.1	69.2	141.4	-7.6	54.4

数据来源：教育部高教司．中国普通高等学校本科专业设置大全［M］．北京：高等教育出版社．2001.54.

四、影响因素之三：来自市场的因素

改革开放以来，随着经济体制改革的日益推进，我国高等教育科类结构的调整愈来愈受到市场因素的影响。尽管我国从20世纪80年代中期开始探索大学毕业生就业制度的改革问题，但是至1992年，我国的高等院校仍实行毕业生按计划分配的就业制度。1987年，我国在353个专业存在人才不足，缺乏毕业生达19万之多；而与此相反，有157个专业的本科毕业生出现人才过剩，约有10万名毕业生就业无门（主要是找不到与自己专业对口的工作）[17]。自1993年，高等学校毕业生就业制度逐渐从国家“统包统分”向毕业生与用人单位“双向选择”“自主择业”转变。于是，我国大学等高等院校一方面适应经济发展需要的新学科、新专业；另一方面对相邻或相近的学科、专业进行一定程度的调整，以拓宽专业口径，增强适应性，提高大学的教育质量与大学竞争力。通过高等学校自身增设新兴专业、边缘性较强的新学科；对已有的相近专业、学科进行调整，使其综合化；还有一种有效的途径，即为通过政府主导下的院校合并来迅速实现学科、专业的综合化，从而使大学从整体上实现学科、专业的综合化，提升大学的竞争力。在 1994 年的全国性会议上，为了提高高等教育质量和更好的利用教育资源，政府出台了一些鼓励性的政策与措施。其中包括：中央政府和各省级政府共同支持高等教育、把部属专门院校下放给地方管理以及高等院校之间的合并等[18]。合并以前，我国高等教育的主体是单科性院校，由于他们隶属于不同的行业及管理部门，纵使学科林立也很难形成综合性的学科发展趋势，而这与当代科技发展边缘性、学科综合性的趋势相违背。通过院校合并，我国组建了一批新的综合性、多科性的大学，特别是将一批重点医科院校与重要的高校合并，使一批重要大学成为学科较为齐全的综合性大学。[19]正如学者许美德所言，合并后，中国出现了更趋综合化的大学，使其拥有从基本的文理学科到大多数专门领域的知识范围。这些合并有效的改变了 20 世纪 50 年代在苏联影响下建立起来的过于专门化的高等教育体系[20]。的确，院校合并为学科生长创造了有利的条件，也更好地适应了经济的发展与需求。例如，西安交通大学与西安医科大学、陕西财经学院合并后，由原来的一所工科院校迅速转变为以工科为主，理、管、经、医、药、文等多学科相结合的综合性大学，推动了医学工程学、信息技术等新兴学科、交叉学科的发展，为学科实现真正的综合化创造了良好的条件[21]。

结语

哈佛大学肯尼迪政府学院院长约瑟夫·奈（Joseph Nye）曾这样写道：一个国家的综合国力既包括经济、科技、军事领域所体现出来的硬实力，还包括因文化、价值观等吸引力表现出来的软实力(soft power)[22]。作为民族精神领袖的大学文化，无疑是国家文化软实力的核心内容之一，是国家文化建设的重中之重。进行有中国特色的高等教育科类结构调整，梳理与审视我国的高等教育传统与特色，充分考量政府、市场以及高等教育机构自身的因素，倾听来自大学等高等教育机构内部和市场需求的声音，切实提升高等教育质量。由上文之论说可见，在高等教育科类结构的调整过程中，来自大学等高等教育机构与知识分子、政府以及市场这三方面的力量均在不同的发展阶段扮演了不同的角色。通过高等教育科类结构的有效调整，协调来自政府、市场以及高等教育机构自身三方面的力量与要求，从实质上有效提升高等教育质量，在教育全球化的今天，增强我国高等教育的核心竞争力，进而提升我国的文化软实力。

参考文献：

[1] 麦可思中国大学生就业研究课题组.2009 年中国大学生就业报告［R］. 北京：社会科学文献出版社. 2009. 11.

[2] 薛天祥. 高等教育学［M］. 桂林：广西师范大学出版社. 2001. 77.

[3] 中国大百科全书总编辑委员会. 中国大百科全书（教育卷）［M］. 北京：中国大百科全书出版社. 2004. 434.

[4]《辞海》编辑委员会：辞海［M］. 上海：上海辞书出版社. 1999. 2259.

[5] [6] 顾明远. 教育大辞典［M］. 上海：上海教育出版社. 1999. 226. 799.

[7] [9] 田正平. 中国教育史研究·近代分卷［M］. 上海：华东师范大学出版社. 2001. 207.

[8] [10] 蔡元培. 全国临时教育会议开会词［J］. 中国蔡元培研究会编：蔡元培全集（第二卷）. 179 – 180.

[11] 田正平，商丽浩. 中国高等教育百年史论［M］. 北京：

人民教育出版社 . 2006. 175.

［12］［20］［加］许美德等．追求世界一流：面对全球化和国际化的中国大学［J］．复旦教育论坛 . 2005（3）. 60.

［13］刘少雪．高等学校本科专业结构、设置及管理机制研究［M］．北京：高等教育出版社 . 2009. 2.

［14］刘宝存．大学理念的传统与变革［M］．北京：教育科学出版社 . 2004. 253.

［15］［17］中华人民共和国教育大事记（1949—1982）［M］．北京：教育科学出版社 . 1983. 2288. 3532.

［16］教育法规全书［M］．海口：南海出版社 . 1990. 558.

［18］中华人民高等教育法［EB/OL］. http：//www. law - lib. com/law/law_ view. asp? id =412. 2012 - 12 - 10

［19］王英杰等．中国教育改革 30 年（高等教育卷）［M］．北京：北京师范大学出版社 . 2009. 198.

［21］张朔等．合并院校实质性融合与跨越式发展［M］．武汉：武汉大学出版社 . 2003. 9.

［22］［美］约瑟夫·奈．马娟娟译．软实力［M］．北京：中信出版社 . 2013. 11.

注：文章原载于《北京化工大学学报》（社会科学版）（北京市高校人文社科优秀学报，全国高校优秀社科期刊），2014 年 6 月（2014 年第 2 期）。

提升来华留学生教育 推进北京市高等教育国际化

摘　要：提升来华留学生教育是北京建设世界城市的重要举措。在建设世界一流城市的进程中，北京要从教学质量和教学管理制度方面着手，完善来华留学生教育，推进首都高等教育国际化，使之成为打造世界一流城市的助推器。

关键词：留学生教育；世界城市；高等教育国际化

为适应本世纪初的提出的建设“现代化国际大都市”，即世界城市的目标和形势，北京市政府早在《北京城市总体规划（2001 年 - 2020 年）》（以下简称《规划》）中，就明确了北京城市性质和“国家首都、国际城市、文化名城、宜居城市”的城市发展目标。2009 年，北京市委、市政府正式提出了“建设中国特色世界城市”，到 2050 年将北京建设成世界城市的战略目标得以确立。江涛认为，北京建设世界城市的目标定位应为“具有鲜明中国风格、东方风采、北京风貌的综合性首都型世界城市”[1]。世界城市是国际城市的高端形态，是城市国际化水平的高端标志，是指具有世界影响力，聚集世界高端企业总部和人才的城市。由此可见，世界一流人才的聚集是世界城市的重要标志之一。其中，外籍人口数量以及外籍人口占当地人口的比例也常常作为衡量城市国际化的指标之一。而作为外籍人口重要组成部分的，同时也是一流精英人才的来华留学生成为建设世界城市道路上不能被忽视的群体，其教育问题更应得到学界及政府的高度关注。据统计，“2011 年，全年在华学习的外国留学人员总数首次突破 29 万人”，“按地区分布统计，北京市达到 72171 人”[2]，占全国来华留学生的 24.89%。由此可见，加强对北京地区来华留学生教育的研究，提高来华留学教育和服务质量，不仅有助于加强北京市现代教育体系建设，吸引国际化人才，增强其文化软实力，加快北京建设世界城市的步伐；而且，对进一步推进北京高等教育国际化，全面提升我国高等教育国际竞争力也具有重要的政策借鉴意义。

一、重视北京市来华留学生教育是建设世界城市的应有之意

（一）来华留学生人数多，生源地广，打造世界一流的人才交流环境

北京建设世界城市，最重要的体现是人才的国际化。因此，必然要求打造世界一流的人才交流环境，要使北京形成一个让全世界各方面人才学习于北京，生活于北京，工作于北京，发展于北京，融入于北京，贡献于北京，影响于世界的大环境。目前，由于中国作为经济大国的身份越来越被世界认可，而北京作为中国的首都，更是政治、经济、文化中心，是中国历史和传统文化的集结地，加之高等学府聚集、过硬的教学质量以及较好的学校声誉和学校文凭声誉，成功吸引着越来越多的国际人士来京留学。据统计，2011 年，来北京的留学生总数在全国排名第一，并呈逐年增加的趋势，另外，2011 年“共有来自 194 个国家和地区的 292611 名各类来华留学人员”，也足以推断北京的来华留学生生源地之广。愈来愈多的来自世

界各地的留学生选择在北京就读学习。这正体现了北京建设世界城市的大趋势，也是北京打造世界一流人才交流环境的应有之意。

（二）打造世界一流的智慧城市，要求打破留学生单一的专业去向

智慧城市是建设世界城市的制高点和切入点。建设智慧城市，是北京建设世界城市的重要切入点，会进一步扩大北京与世界的交流和沟通，增强北京的影响力。智慧城市是指把握新一轮科技创新革命和信息产业浪潮的重大机遇，充分借助物联网、传感网，“加快产业关键技术攻关，构建城市发展的智慧环境，形成基于海量信息和智能过滤处理的新的生活、产业发展、社会管理等模式，面向未来构建全新的北京城市形态”[3]。这要求跨学科、跨领域、多元知识的人才聚集，单一领域的人才并不能服务于智慧城市的建设。然而，目前，北京的来华留学生多以语言生/文科生为主。其中，以接受培训（主要是汉语学习）为主的留学生约占留学生总人数的一半。即使近年来，留学生中学历教育的比例开始上升，开始向学习理工类和经济、管理、贸易等专业转移，但就目前来看，单一的、偏文科类的专业选择不利于在高科技领域进行更广泛的国际学术交流与合作。建设智慧城市必需突破这一现象，扩大来华留学生的专业去向。

二、北京市来华留学生教育的现状及问题

程方平指出，要办好“人民满意”的高等教育需要关注与高校基本功能、管理体制、发展模式等紧密相关的问题[4]。作为高校高等教育国际化的重要内容的来华留学生教育必然也要重视与这三方面相关的问题，并及时解决难题，有效发挥现有优势，只有这样才能真正实现高等教育的高水平国际化，才能办好“人民满意”的教育，才能推动北京建成为世界城市。然而，从我国目前来华留学生

教育的发展状况来看，高校的基本功能、管理体制方面都存在着限制来华留学生发展的因素，这就阻碍了北京建设世界城市的前进步伐。

（一）来华留学生教育的基本内容

1. 留学预期和留学收获之间存在着较大差距，这是北京来华留学生存在的一个普遍问题。郭秀晶在对北京高校在校留学生进行调查访问后发现，半数以上（54.3%）的被访者来华留学的目的是希望通过留学学习到专业知识和技能，他们更加关注未来的职业发展方向，但与之相反，在被访者的实际收获方面，大部分留学生的共同收获是汉语语言水平的提高，增加职业技能或工作能力方面的收获则相对较低（42.5%）[5]。如此差异的留学预期与留学收获阻碍未来留学生的来华留学欲望，不利于来华留学生教育的可持续发展。

2. 教学质量有待提高。这主要体现在以下几个方面：首先，随着学位留学生数量不断增加，留学生的专业选择范围扩大，以往的单独教学模式难以满足留学生的多元知识需求。其次，课程设置仍未达到国际化水准，双语授课的课程比例偏低，而且除了传统的文、史、哲专业外，越来越多的留学生选择理、工、医、农、经济、法律、管理等专业，但目前选择这些专业课程的留学生基本是与中国学生同堂上课，学位留学生处于“趋同化管理”的过程中；再次，教师的国际化程度不高，师资水平有待提高。最后，学校的信息化水平低，等等。

（二）对来华留学生教育的管理体制

来华留学生教育的发展与高校自身的管理体制和管理模式密切相关。目前，北京高校对来华留学生教育的管理体制和模式仍未完全适应国际化的要求，尚存在以下挑战：

1. 针对留学生的国际化政策、制度及机构有待健全，如现有僵化的教学管理模式未能建立统一的跨国校际交流中学分的互认、互换制度；学校内部未形成专门针对不同国家留学生学习基础差异与统一规格的培养模式、“选课办法”“单独授课”“双语授课”“补考制度”等；奖学金覆盖面窄；留学生群体对学校传统组织管理机构的提出挑战等。同时，如何正视现有留学生的特点，平衡来华留学生教育与所涉及各职能部门和相关院系之间的关系，促进来华留学生教育的合理持续发展，也成为这个时期来华留学生管理模式探索的重点。

2. 社会配套服务机制不完善，不利于来华留学生的未来发展和中国传统文化的传播交流。首先，住宿条件。一方面，随着来华留学生人数的增加，许多高校的留学生宿舍的数量和条件已经不能满足学生的要求，这给高校造成了很大的压力。另一方面，目前，北京高校的留学生住宿多采用与中国学生分开居住的独立公寓形式，不利于中外学生的交流。其次，一项对在北京就读的留学生的调查显示，北京地区相当比例的来华留学生有就业打算，而且这部分留学生中又有近半数将就业地点选择在中国。然而，北京地区高校缺乏专门针对留学生的就业信息和政策，以及针对留学生开展职业规划的工作。最后，国际学生选择赴中国留学，很大程度上是受中国文化和语言的吸引。但是与世界城市相比，北京地区虽然在文化和语言方面存在很大竞争优势，但是在文化体验上的满意度却显著低于世界城市的平均水平。留学生的多元文化背景对学校跨文化教育、交流提出的挑战。

来华留学生教育基本内容的不完善和相关管理体制机制的不健全不仅降低了来华留学生的留学满意度，而且不利于树立北京的良好城市形象，降低其对国际人才的吸引力，阻碍其建设世界城市的步伐。

三、办好北京市来华留学生教育是建设世界城市的未来取向

准确把握首都发展的规律性特点，提升城市发展的内在活力与动力，着力推动中国特色世界城市建设，已然成为北京建设世界城市确立的未来发展方向。来华留学生教育对提升城市的内在活力和动力，活跃城市国际文化氛围，传播知识的基础上弘扬中国传统文化有着重要推动作用。因此，办好北京市来华留学生教育也是北京建设世界城市的未来取向。为此，北京各高校应从提升国家“软实力”的高度，充分认识北京高校留学生教育发展的重要性，并积极贯彻落实教育部提出的坚持“扩大规模、优化结构、规范管理、保证质量”的工作方针，以科学发展观统领留学生教育工作，为提高北京乃至全国来华留学生教育质量，保障来华留学生规模稳步扩大，努力实现北京高校留学生教育全面、协调、可持续发展，加快我国高等教育的国际化，推动北京世界城市建设做出有益参考。

（一）提高教学质量，培育一流人才

1. 扩大留学生生源，提高学历教育比例和发达国家学生比例。决定留学生教育产品市场实现的是国际留学生的留学意愿和行为，它将主导着来华留学生的数量以及留学生教育市场规模的大小。为此，针对目前北京来华留学生存在的“规模较小，层次偏低，质量不高”的现实问题，北京必须全面了解来华留学生以及国际学生的教育需求，根据需求制定政策，以扩大留学生的生源，并努力争取每一个潜在的生源，培养未来的生源。此外，还可引进市场机制，运用校际交流、企业合作关系及委托代理的商业运作模式，建立稳定的招生渠道；通过联合培养方式提高学历留学生比例；通过合作研究接受发达国家留学生；以及通过国外企业接受代培生或培训中高级技术人员等渠道提高留学生质量。

2. 提高师资队伍的国际化水准。德业双修的教职人员是来华留学生素质教育得以贯彻落实并有效实施的决定性因素。提高师资队伍的国际化水平要从两方面着手，一是培养留学生教师的刻苦钻研业务能力和专业学术造诣，并要求其认真学习教育教学理论，提升其作为中外文化交流使者的强烈事业心和责任感。二是加强对原有专业教师培训的基础上积极引入高水平人才。

3. 全面了解北京高校留学生的教育需求，逐步探索建立以需求为导向的留学生课程体系，旨在缩小来华留学生在留学预期与留学收获间的偏差。为保证来华留学生培养质量，学校应按照有关政策规定，并结合外国留学生教育教学特点，为每个涉外专业制定针对来华留学生的专业培养计划，并加强对各个培养环节的质量管理。如增加双语教学课程数量，因材施教，开展个性化的教学，开展多样化的课余文化活动等。

4. 加强高校留学生教育管理，建立健全质量评估体系。建立并实施来华留学生教育质量的评估制度，针对在校留学生满意度相对较低的方面积极改进工作，提高现有留学生的满意度。

（二）建立健全以留学生为本、与国际接轨的各项教学和管理制度

1. 完善机构设置，实现高效管理。首先，学校要健全外事机构，协助教育主管部门规范和指导来华留学生教育市场，完善管理体制，提高留学生管理工作水平的提高，努力建设高素质国际学生教育管理服务队伍，保证留学生教育工作的规范有序。其次，鼓励建立非营利性的服务机构，维护来华留学生合法权益。非营利的社会性留学生支援机构可为来华留学生提供住宿、医疗保险、勤工助学、就业指导、维权等方面的咨询服务，协助高校和政府共同解决来华留学生教育中的社会管理问题。高校可尝试借鉴英国、日本等国的做

法，逐步实行留学生管理和服务的社会化。

2. 建立以来华留学生的多元需求为导向的各项教学管理制度。首先，建立统一的学分互换、互认制度，提高来华留学生教育质量的国际认可度。其次，扩大留学生奖学金的覆盖面。高校在认真落实中国政府奖学金制度的同时，积极开展与外国政府、有关企业的合作，实行联合奖学金制，以设立多种奖学金制度。这不仅增加了来华留学生的奖学金数量，而且对北京的未来经济发展也有积极作用。再次，学习借鉴国外先进的教学管理经验，加快来华留学生后勤管理改革，实行社会化服务。改善宿舍硬件条件，尤其是网络、热水供应、宿舍设施等方面，提供良好的就业指导信息与政策支持。最后，打破与中国学生的居住限制，以及教学方面的其他限制，增加与中国学生交流的机会。

总之，作为来华留学生教育供给方的高校，必须以留学生的教育需求为导向，根据市场需求的发展和变化，确定自己的教育发展战略，积极开发适应留学生需求的教育服务与产品，构建以留学生为本、具有中国特色的留学生教育体系。

结论

教育是构成文化实力的基础，是建设世界城市“软实力”的重要内容。世界城市是汇聚国际一流人才精英的学习型城市。大力发展来华留学生教育不仅促进世界多元文化的交流与融合，培育对华友好的潜在外交资源，还可以培养具有综合竞争力的国际性人才，提高城市核心竞争能力，增强我国“软实力”，为建设世界城市提供全球人才高地的人文环境。认清高等教育已具备的国际化条件和来华留学生教育方面存在的现实问题，结合建设世界城市的有益要求和未来发展方向，深化高校在北京建设世界城市中的责任感和使命感，把发展来华留学生教育放在高校实现高等教育国际化的重要位置，通过提高来华留学生的教育质量和建立以留学生为本、与国际接轨的教学管理制度，提高来华留学生教育水平，使之成为北京建设世界一流城市的助推器。

参考文献：

[1] 江涛．北京建设中国特色世界城市的时代因由及现实条件[J]．中国新时代，2013（183）：42.

[2] 中国教育年鉴（2011）[EB/OL]．留学中国网，http：//studyinchina. moe. edu. cn/1_ l. aspx？ id = 200.

[3] 江涛．北京建设中国特色世界城市的路径分析[J]．中国新时代，2013（183）：45—47.

[4] 程方平．如何在中国办“人民满意”的高等教育[J]．北京教育，2013（1）：10.

[5] 郭秀晶．北京高校留学生教育发展的限制性因素调查报告[J]．中国高教研究，2008（7）：49.

注：文章原载于《北京教育》（人大复印资料来源期刊），2013年12月。该文在由北京师范大学、北京教育音像报刊总社、光明日报社联合主办的“践行群众路线，办人民满意大学”征文活动中荣获三等奖。

中美大学学期制之比较

摘　要：本文对中美两国大学学期制的现状、成因，改革的特点和趋势进行了比较与分析，认为美国大学学期制改革较为成熟，并以其独特的夏季班制为亮点；我国的大学学期制改革尚待完善，其改革路径呈现出渐进性、多元化的发展态势。

关键词：学期制；夏季班；多元化

20 世纪 80 年代以来，国内多所高校开始尝试学期制改革，由传统的两学期制逐渐向三学期制转变。如今，三学期制已为北京大学、复旦大学等国内众多名校所采纳，浙江大学、广东外语外贸大学等已然开始试行四学期制。然而，伴随学期制改革三十年的，是一直未曾停息的争议。作为一种高等教育体制的“舶来品”，引入我国后，情况如何？是否已经实现了本土化？本文将对中美两国大学学期制的现状、成因、改革的特点及发展趋势加以探讨和分析，以期获得有益的经验与启示。

一、美国大学的校历制①及其特点

（一）美国大学校历制概况

与一年十二个月的历年（calendar year）不同，美国的学年（academic year）一般为九至十个月，一个学年分为若干个学期（term）。由于美国高校众多，且拥有较大的自主权，因此其校历制度（academic calendar system）也是多种多样，并没有固定的模式。较为常见的校历制为两种学期制和一种学季制：

1. 两学期制（semester system）

所谓两学期制，即将一学年分为秋季、春季两个学期。秋季学期（fall term）一般从每学年开始的九月持续至十二月，春季学期（spring term）一般从一月至五月。每学期大概分为十五个教学周和一个考试周。

作为一种传统的学期制度，两学期制在美国最为普遍，约半数以上的美国高校仍采用这一制度，如耶鲁大学（见表1）。

表1　耶鲁大学法学院② 2013—2014 学年校历[1]

秋季学期	2013.09.02—2013.09.09		新生注册
	2013.09.09—2013.12.17	秋季学期开始	教学周
	2013.12.17—2014.01.06		寒假
	2014.01.06—2014.01.16	秋季学期结束	考试周

① 与我国高校“学期制”的说法不同，美国高校普遍称为 calendar system，译作“校历制”。

② 耶鲁大学各个学院的校历在具体日期上略有不同，本文以法学院校历为例。

续表

春季学期	2014.01.21—2014.03.14	春季学期开始	
	2014.03.14—2014.03.24		春假
	2014.03.24—2014.04.28		教学周
	2014.05.05—2014.05.16	春季学期结束	考试周

2. 三学期制（trimester system）

三学期制是将一学年分为三部分，每一部分为一学期，约为十五周。其中第一学期（也可称为秋季学期）从九月到十二月，第二学期（也可称为春季学期 spring term）从一月至四月，第三学期从五月持续至八月。第三学期有时会被等分为两个小学期，即春季班（spring session）和夏季班（summer session），每个小学期约有七周半。因此，一些实行三学期制的美国高校实际上所采用的可谓“四学期制”。

表 2　北达科他州立大学 2013—2014 学年校历[2]

秋季学期	2013.08.26—2013.12.13	秋季学期开始	教学周
	2013.12.16—2013.12.20		考试周
	2013.12.27	秋季学期结束	
春季学期	2014.01.13—2014.05.09	春季学期开始	教学周
	2014.05.12—2014.05.16		考试周
	2014.05.22	春季学期结束	
夏季学期	12 周课程班	2014.05.20—2014.08.08	
	4 周课程班	2014.05.20—2014.06.13	
	8 周课程班	2014.06.17—2014.08.08	

3. 学季制（quarter system）

按照季节的变化，学季制将一个学年等分为四个学季（quarter）——秋季学季（九月至十二月）、冬季学季（一月至三月）、春季学季（三月至六月）、夏季学季（六月至八月）。每个学季约十至十二周（其中夏季学季较短，约八至十周），课时较短，因此课程也最为紧凑，学习压力也相对更大。

表 3　华盛顿大学 2013—2014 学年校历[3]

	教学周		考试周
秋季学季	2013. 09. 25—2013. 12. 06		2013. 12. 07—2013. 12. 13
冬季学季	2014. 01. 06—2014. 03. 04		2014. 03. 15—2014. 03. 21
春季学季	2014. 03. 31—2014. 06. 06		2014. 06. 07—2014. 06. 13
夏季学季	全学期	2014. 06. 23—2014. 08. 22	
	学期 A	2014. 06. 22—2014. 07. 23	
	学期 B	2014. 07. 24—2014. 08. 22	

此外，还有四一四制（414 system）和早学期制（early system）等，形式更为独特，但由于实行这类学制的高校极少，所以在此不做赘述。

（二）美国大学校历制的特点

1. 丰富多样的夏季班课程

值得注意的是，尽管美国高校校历制度多样，但有一个共同的特点，即多数高校都会开设夏季班（summer session），有些学校单独开设夏季班（如加州大学洛杉矶分校①），更多学校将其囊括在夏季学期内进行（如北达科他州立大学和华盛顿大学的夏季学期均以

① 加州大学洛杉矶分校实行学季制，其夏季学期则完全被夏季班所代替。

此种方式开展①)。夏季班有长有短，从两个月到半个月不等，其形式类似于补充课程，本校学生选修夏季班课程可获取相应学分。相当一部分美国高校的夏季班是对外开放的，符合条件的校外人员、留学生以及访学人员都可以注册入学。

以实行三学期制的哥伦比亚大学（Columbia University in the city of New York）为例，其2013年夏季学期（summer term）被分为十一个短期夏季班，根据内容和难易程度的不同，将课程分为了不同类型；采用学季制的华盛顿大学（University of Washington）则将其2013年的夏季学期（summer quarter）分为A、B两个学期（term），将横跨一百多个领域的两千多门课程全部开放，面向社会公开招生。其课时长度也更为灵活，从四个半周到九周不等。[4]

美国大学的夏季班制度已有长达百年的悠久历史。据芝加哥大学的一份文献显示，1913年时，芝加哥大学已经实行学季制，当年的夏季学期开设了多门初级课程（preliminary summer courses），包括神学、法学、医药学和教育原理与方法等，同时开设了丰富的课外活动，如邀请卓越学者和艺术家举办公共讲座，组织Chicago in Summer研究队和一些旅游派对，等。[5]

经过百年实践的经验积累，如今美国大学的夏季学期形式更为多样，课程也更加丰富，其优势是多方面的：不仅能够帮助本校学生在较短的时间内学习更多课程、修到更多学分，还能方便校外人员进入高等学府进修“充电”，并能吸引大量的国外留学生和访学人员，最大化地利用了学校的教学资源。

2. 开放而灵活的申请与注册机制

美国大学的入学申请与注册较为便利，形式也颇为灵活。美国

① 如表2、表3.

大学每学年有多达2－4次的入学申请机会。每学期开始之前，各大学均会接收入学申请，并根据申请时间的先后择优录取。

例如上文中所提到的哥伦比亚大学，其每学年有三个学期，每个学期均接受入学申请，申请成功即可注册入学。实行学季制的大学则更为灵活，每年多达四次的入学机会，增加了高中毕业生被录取的几率，也为很多希望进入大学深造的社会人士带来了便利。然而，无论三学期制还是学季制的大学，其夏季班的申请与注册程序都是最为方便快捷的。由于夏季班大多为短期课程（short term），而且部分夏季班是专为国际学生开设的语言进修项目（intensive English programs），所以其申请难度相比其他学期要降低不少，注册程序也更为简洁。

仍以哥伦比亚大学为例，其所有夏季课程均面向社会开放，哥大学生和巴纳德学院①学生无须申请可直接注册并选修课程，哥大新生、留学生和访学人员等则需要提前申请，申请时只需提供在读时的专业成绩证明和语言能力证明（一般为TOEFL或IELTS成绩单）即可。[6]

多样的夏季班课程与灵活开放的注册机制无疑大大增加了美国大学的吸引力，每年有数以万计的国际学生慕名而来。据美国国际教育协会（Institute of International Education，IIE②）的统计数据

---

① 巴纳德学院于1900年并入哥伦比亚大学，但仍保留独立的校董会和财政机构，因此其学院常被单独提出。

② The Institute of International Education (IIE) is a non－profit organization promoting international exchange of education and training. It was established in 1919 and is based in the United States. The Institute governs more than 200 programs serving more than 20, 000 persons from 175 nations each year. The programs involve studies in the USA and abroad. Current and former sponsors of IIE include: US State Department, USAID, US Department of Energy, World Bank, etc..

（图1）显示，从2005年至2012年，每学年申请进入美国进行non－degree（非学位）留学的国际学生人数都在稳步上升①，其中以参加语言进修课程（intensive English）的人数增长最为迅猛。这其中很大一部分功劳应归于短期课程最为集中的夏季学期。

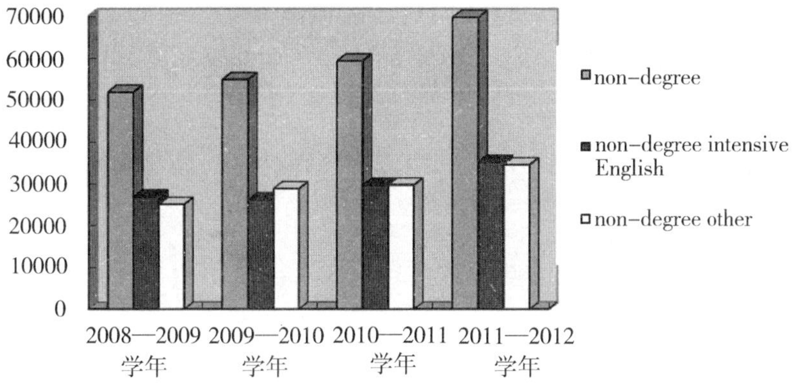

图1　2008—2011年美国大学非学位留学生统计图[7]

尽管美国大学采用灵活注册制度的初衷与战争不无关系②，但灵活开放的申请与注册制度的确方便了美国公民接受更高层次的教育，为社会输出了更多资源，大量留学进修人员所缴纳的学费也为学校带来了可观的收入。

---

① 2008—2009学年，受国际金融危机影响，非学位留学的国际学生人数略有回落。

② 美国1944年《退伍军人权利法案》规定教育机构有义务为保障退伍军人的教育权利提供便利，因此美国大学多在入学机制上做出了改进，以方便退伍军人及时就学。

二、中国大学学期制的现实困境与改革趋势

（一）两学期制的垄断与弊端

建国以来，我国高校基本采用的是传统的两学期制，即每学年有春、秋两个学期进行授课。冗长的学期和僵硬的课程设置，导致高校教学管理和运行机制缺乏弹性，随着全球化进程的不断推进，应对社会多样化的需求和培养学生的实践应用能力与综合素质等方面，显得越发力不从心：

1. 长期单一的学期结构不利于高校现代教育教学管理的体制建构和制度创新

因材施教，以学生为本的教育思想要求学校不断根据自身和学生实际情况，寻求制度创新。而长学期制因其单一、僵化的学期结构，不仅不能顺应学分制改革而有效增加选课轮次，也不便于重修制度的设立与实施。另外，在长学期制下，有限的时间与空间不利于高等教育改革中的弹性学制、辅修制和双学位制等制度的有效推行。

2. 长学期制不利于学生综合能力的提升和多样化能力的培养

在传统的两学期制下，一方面，有限的时空条件不仅因单科课程时间的过长而容易导致学校开设课程的总量不足，而且也会因各门课程时间的冗长使学校无法根据杜会需要、学科发展和学生的需求灵活安排多样化的、能够及时反映杜会现实需要与学科前沿的课程，难以根据杜会需求安排足够的能够提高学生杜会认知水平和应用能力的实践课程，同时也难以给学生提供参与科研的机会。另一方面，由于开设的课程总量少选课范围有限，难以满足学生多样化的课程选择和个性化学习要求。这是造成部分高校学生实践能力和现实问题解决能力差、社会责任感弱的重要原因，也是当前国内相

当一部分大学生应用能力不强、适应力不够，缺乏创新能力和竞争能力的重要原因之一。

3. 长学期制降低教学效率，课程设置僵化导致难以出现精品课程

正所谓一鼓作气，再而衰，三而竭。多数单一、长期而固定的课程，难免会使得教学双方在冗长的学期中逐渐产生懈怠心理，使得不少教师和学生满足于缓慢和机械的教学过程，缺乏自我更新与自我完善的动力。长此以往，不但边际教学效率会逐渐降低，长跨度的学期也很难让教师把握课程重点，推出高质量和高水平的课程，而学生们则更容易对冗长的课程产生厌倦，甚至出现只在开课和考试的两天上课，而其他时间逃课的现象。[8]

4. 长学期制不利于高校的科研创新和学术交流

教育工作者着力提高教育质量，必须在所教学的领域有较深的钻研和创见。因此，足够的科研时间保障、校际和国际间的学术交流就成为科研创新的必要条件。而长学期制下，教师则很难兼顾教学与科研的平衡，也很难灵活地投入访学深造、学术论坛等学术交流活动中。宏观而言，也同样不利于本来就分布不均的高等教育资源实现有效的流动、共享与再分配。正是在上述种种原因之下，多学期制的改革成为了我国学期制变革浪潮的一个重要取向。

（二）中国大学学期制改革现状

我国高校的学期制改革探索始于三十年前。改革开放初期，国内的多所知名高校开始进行学期制改革的尝试，其中以原上海工业大学校长钱伟长所推行的三学期改制最为瞩目。此后，北京大学、复旦大学、南京大学等国内知名高校纷纷加入学期制改革的队伍。进入新世纪，学期制改革的势头有增无减，浙江大学、广东外语外贸大学等高校已然开始尝试四学期制。

目前，国内绝大部分高校仍实行传统的两学期制，即每学年分为秋季学期（九月到一月）和春季学期（三月到七月）。进行学期制改革的高校主要采用三学期制和四学期制两种：

1. 三学期制

我国实行三学期的高校在制度设置上也并不完全相同，一部分高校借鉴了国外的三学期制，实行的是三个较长学期组成的学期制；另一些高校所实行的是春、秋两个长学期加夏季短学期的三学期制，这实际上是在两学期制的基础上增加了暑期学校或夏季班，严格意义上讲，这与国外高校三学期制的理念并不完全契合。

1985 年，时任上海工业大学校长的钱伟长提出了三学期制，秉承了国外高校三学期制的做法，将一学年分为三个等长的理论教学期，并在暑期加入了一个实践教学学期。这与美国大学的三学期制非常相似，也有学者将其称为短学期制[9]。（见图 2）

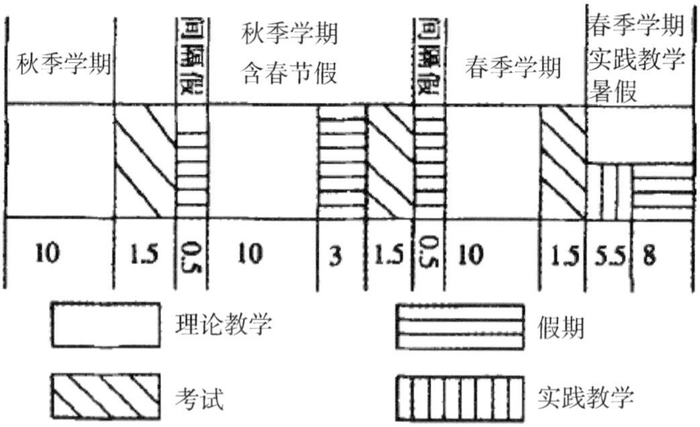

图 2　上海工业大学短学期制示意图[10]

厦门大学也在 20 世纪 80 年代开始试行三学期制改革，此后改革曾因故中断，并被迫重拾了两学期制。2005 年，厦门大学经过调整，三学期制得以恢复：从每学年两个学期中，抽出 5 周时间组成一个相对独立的短学期，每学年一般安排 41 周（含考试复习周），秋季学期、春季学期一般安排 18 周（实际上课 16 周），短学期一般安排 5 周（实际上课 5 周）[11]。

北京大学所实行的暑期学校制（summer school）则是更为典型的“两长一短”三学期制，从北京大学的校历中即可看出一二——北京大学 2013—2014 学年的校历将每学年分为第一学期和第二学期两部分，暑期学校则包含在暑假当中，从 2013 年 6 月 30 日至 8 月 1 日，只有短短一个月左右的时间。[12]

2. 四学期制

我国实行四学期制的高校很少，试行时间也较为短暂。与美国大学的学季制相似，浙江大学实行的四学期制将每个学年分为秋、冬、春、夏四个学期，每学期时长均大致相当，为 8 ~ 11 周（见表 4）。

表 4　浙江大学 2013—2014 学年校历[13]

秋季学期	2013. 08. 19—2013. 09. 06		报到注册
	2013. 09. 09—2013. 11. 08	秋季学期开始	教学周
	2013. 11. 09—2013. 11. 13	秋季学期结束	考试周
冬季学期	2013. 11. 14—2014. 01. 09	冬季学期开始	教学周
	2014. 01. 10—2014. 01. 20	冬季学期结束	考试周
春季学期	2014. 02. 21—2014. 02. 23		报到注册
	2014. 02. 24—2014. 04. 21	春季学期开始	教学周
	2014. 04. 22—2014. 04. 26	春季学期结束	考试周

续表

夏季学期	2014.04.28—2014.06.24	夏季学期开始	教学周
	2014.06.25—2014.07.03		考试周
	2014.07.07—2014.08.03	夏季学期结束	暑假小学期

广东外语外贸大学则实行的是“2+2”学期制，即两长两短的四学期制模式。在传统的春秋两学期（各约20.5周）中各嵌入了一个长约3周的小学期。这种做法是为了配合一年一度的广交会，相当于设置了2个“实践实习与科学研究短学期”。[14]

（三）我国高校学期制改革的趋势

随着后工业时代的到来，高等教育教学理念、教学管理方式等随之发生了深刻的变革。大学学期制改革正是顺应了时代的发展，将重心从管理本位转移到学生本位上。虽然我国进行学期制改革的时间还不算长，试行的高校也只是少数几所，但却积累了一些经验，改革的方向也渐趋明朗。总而言之，我国高校的学期制改革呈现出如下两个趋势：

1. 趋向于循序渐进的改革思路

20世纪80年代，学期制改革的尝试初露端倪，北京大学和厦门大学等国内一流高校成为第一批“吃螃蟹者”，率先试行了三学期制。然而，贸然引进的国外高等教育管理制度却出现了“水土不服”——在办学目标不明确，课程设置不合理、后勤管理等机制未理顺等多种因素影响下，北大与厦大先后被迫放弃改革，恢复了两学期制。

经过了十几年的调整和对经验教训的总结，21世纪初，两所大学再次尝试改革，结合本土状况，北大从暑期学校开始，逐渐向第三学期并轨，而厦门大学也改善了各项配套制度，实行了两长一短的三学期制，取得了初步的成效[15]。

任何改革都无法一蹴而就，教育领域的改革更是如此。如今，无论是实行三学期制抑或是四学期制，大多高校摒弃了大刀阔斧的改革思路，更加着眼于具体实际的差异，在之前学期制的基础上谋求渐进性的变革。

2. 趋向于多元化的改革路径

每一所大学都有其独特的历史积淀与制度传统，如北大之历史深厚、清华之锐意进取、复旦之稳健沧桑。因而，各个大学的校园文化、学科设置、办学层次上的微观差异，以及大学所存在的外部宏观环境，也必然决定了管理方式和制度取向的不同。学期制作为基本的高校教育管理制度，自然应当根据学校的差异进行灵活的调整。目前，我国高校在学期制改革当中已开始注重与学校自身发展情况相结合，如广东外语外贸大学配合广交会实行了“2+2”学期制，北京大学利用教学资源和社会影响力的优势设置开放性的夏季小学期等。我国高校的学期制改革呈现出多元化的发展态势。

当然，新旧两种学期制的交锋必然会带来制度变迁的阵痛，学期制改革的进程中也存在着各种各样的问题，例如课程时间缩短对教师备课和学生备考所产生的双重压力，多学期制对学校基础设施和行政管理都提出了更高的要求[16]，开放性的夏季学期所导致的教学资源如何利用与校园安全问题[17]，等。可以说，我国高校学期制改革的道路还很漫长，然而我们相信，只要确定了制度变迁的正确方向，技术性和操作性的问题是可以在实践过程中被创造性地解决的。

三、结论与启示

对比中美两国高校的学期制，我们不难发现：这两个国家都是在两学期制的基础上进行的变革；美国的学期制改革已有至少一个世纪的深厚历史积淀，在制度安排上颇为完善，成熟的夏季班制度是其学期制的亮点；相比之下，我国的学期制改革只有短短三十年的发展，还处于一种尝试性的阶段，在制度建设上存在着诸多不足，且各高校改革程度不同，步调不一，总体呈现出多元化的格局。

纵观美国的学期制度演变与改革的历程，我们认为，美国高校勇于坚持制度创新的背后，有若干理念和原则的支撑。居于核心地位的，无疑是以人为本，特别是以学生为本的教育宗旨。教育的诉求，应当是为社会培养人格健全的高素质人才，这就要求高等教育不但要满足学生多元化、个性化的特点和需求，做到因材施教，更要有能够帮助和引导学生全面发展的长远眼光；同时，也理应符合社会宏观发展与变革的具体需求。通过对美国大学学期制及其相关的制度安排的细节进行分析，不难发现这样一个共同点，即美国高校的大多数规章、制度，以及教师工作，都是围绕如何培养学生这一目的而展开的，高校会自觉地为学生提供较大的自由发展空间和较多的实践机会，有意识地为学生的全面发展提供各种各样的硬件和软件上的便利，而不是以自己的部门的利益与需求作为行动的出发点，从而具有较高的灵活性、针对性和科学性。在我国的教育实践中，行政权力、教师角色被置于教育的核心区域，相对地忽略了学生个体在个性、禀赋和偏好上的差异，也相对静止于外部社会的剧烈变迁。部分高校的部分课程和教师，几十年间面对往来不息的学生和日新月异的社会，其管理制度、教育方式和教学内容并无相应的发展和质变。教育的目的不是具体到个体的人的发展，而是总体指标的实现。教育本身的主体建构作用逐渐丧失，逐渐沦为手段和工具。因此，我国学期制改革的关键点在于，如何从制度上引导高校将以学生为本、因材施教的理念从口头落实到实践中，如何从以行政为主导向着多元主体并存的取向转变。换言之，高等教育政策的制定者、高校内部管理者和高校教师们，需要有深入研究学生具体实际与外部环境变化的细致与耐心，以及敢于进行制度创新的勇气和毅力。

参考文献：

[1] Yale college 2013 - 2014 Academic Calendar [EB/OL] http：//yalecollege. yale. edu/content/2013% E2% 80% 932014 - academic - calendar.

[2] North Dakota State University Academic Calendar 2013 - 2014 [EB/OL] http：//www. ndsu. edu/bisonconnection/dates/calendar/.

[3] University of Washington 2013 - 2014 Academic Calendar [EB/OL] http：//www. washington. edu/students/reg/1314cal. html.

[4] Columbia University Academic Calendar [EB/OL] http：//registrar. columbia. edu/academic - calendar/6.

[5] The Summer Quarter of the University of Chicago 1913. [J] The American Journal of Semitic Languages and Literatures, Vol. 29, No. 2 (Jan. , 1913), pp. 1—16.

[6] Columbia Summer 2014 Calendars [EB/OL] http：//ce. columbia. edu/summer/calendars.

[7] Open Doors Data 2012：International Students in the United States [R] Institute of International Education. 2012. 11

[8] 钟义红，张慧兰，林桂娟等．高校推行三学期制改革的探索与思考 [J]．江西理工大学学报. 2007. 28 (5)：42—44.

[9] [10] 王福友．钱伟长与上海大学短学期制 [J]．现代大学教育. 2010 (3)：93—98.

[11] 三学期制．厦门大学迎新网站．[EB/OL] http：//web-plus. xmu. edu. cn/s/150/t/470/a/113536/info. jspy.

[12] 北京大学 2013—2014 学年校历．[EB/OL] http：//www. pku. edu. cn/about/xl/xl（2013—2014）. jsp.

[13] 浙江大学 2013—2014 学年校历．[EB/OL] http：//ugrs. zju. edu. cn/redir. php? catalog_ id = 711014&object_ id = 889850.

[14] "四学期制"是人性化的创新．广外新闻网．[EB/OL] http：//news. gdufs. edu. cn/article – 54135. html.

[15] 马跃，王瑛慧. 厦门大学为何再度推行三学期制 [N]．光明日报. 2004 – 07 – 08.

[16] 王明华．高校学期制变革：现状、动因、问题与趋向 [J]．江西财经大学学报. 2007.（2）：113—117.

[17] 李永东．李智兰．论高校三学期制改革的预期目标与实施效应的落差 [J]．内蒙古师范大学学报（教育科学版）. 2010. 23 (11)：14—16.

注：文章原载于《长春工业大学学报（社会科学版）》（中文核心期刊遴选数据库），2014 年第 4 期。

中国大学校长职业化研究述评

摘　要：随着经济全球化的不断推进和我国社会主义市场经济的不断完善，社会分工不断细化，大学校长职业化应运而生。通过对国内外大学校长职业化的相关研究进行回顾与梳理，可以看出，大学校长职业化的实现，对于推进高等教育国际化，建立我国现代化大学制度及创建世界一流大学具有重要意义。

关键词：中国；大学校长；职业化

立国之本在教育，高等教育之本在大学，大学校长作为大学的掌舵者和大家长，能否做到在其位、谋其政关系到整个大学、甚至是高等教育的健康发展。大学校长的角色、地位及作用是随着经济社会及高等教育的发展而不断发展变化的。随着经济全球化与我国社会主义市场经济的不断发展，社会分工不断细化，高等教育改革呼声高涨，大学校长职业化应运而生。可以说，大学校长职业化的实现，对于推进高等教育国际化及促进高等教育健康、快速发展；建立我国现代大学制度及创建世界一流大学；提升大学校长职业技能及完善自身发展均具有重要意义。

一、概念界定

所谓“职业”，这里使用的对应的英文单词是“Career”，也有学者译成“职业生涯”。职业，对于个体而言，就是个人通过参与社会分工，利用自身的专业技能和知识创造物质和精神财富，以获得生活来源并实现人生价值的过程；对于社会而言，就是个体通过承担相应的社会角色以实现社会责任和义务，并获得相应报酬的过程。职业就是一种动态的职业经历，而对于大学校长而言，职业就是校长在岗位上的工作及活动经历[1]。“职业化”这一进程对从业者有严格的素质和能力上的要求，并要求建立起合理的管理制度。它涉及的主要内容包括：职业素质的确定，职业资格或标准的制定，职业管理体制的不断完善和健全，特别是将市场机制引入职业管理制度中，实现竞争上岗，优胜劣汰。

简而言之，所谓校长职业化，就是指校长职业的专业化和市场化，其本质是劳务和商品化。校长职业化就是将校长视为一种职业，其核心是校长的专业化发展。校长既是学校的管理者，又是学校的经营者；需要具备兼顾教育规律和经济规律，将管理和效益有机结合起来的教育管理能力；具备善于运作学校的有形及无形资产，并不断创造经营效益的教育经营能力；具备用全新的视角理解教育的本质，推动学校快速发展的教育科研能力。

二、中国大学校长职业化问题的研究现状

对国内大学校长职业化的文献主要是从三个角度来进行梳理：第一类是大学校长职业化发展历程及趋势的研究，第二类是时代背景下我国大学校长职业化现实的研究，第二类是大学校长职业化的国际借鉴研究。

（一）对大学校长职业化发展的历程及趋势的研究

1. 侧重介绍大学校长职业化的历史进程及研究背景

对于大学校长职业化历史进程的相关研究多数是从大学校长角色演变与大学校长职业化兴起的角度展开的。各学者均选取不同的角度，根据不同的条件对大学校长职业化的历史发展脉络进行了划分。

如学者牛维麟、李立国、詹弘毅（2009）以高等教育的变革为着眼点，探究大学管理及校长角色的转变，从中世纪大学校长角色和地位象征化，到 20 世纪 60 年代大学组织内外部环境催生了对大学管理的专业化及大学校长职业化的需求，大学校长职业的变迁和角色的演变无不体现了高等教育的发展和高校组织管理的创新。[2]

学者陈运超（2009）从大学校长角色演变及定位的角度对我国大学校长职业化的历史进程进行分析研究，从 1978 年科学家重返大学校园，大学校长治校权力有限，到 2000 年大学及校长的行政级别进一步强化，我国大学校长的发展具有定位行政化及运行组织化等特点。但面向建立世界一流大学的目标，我们需对大学校长的角色重新进行科学、合理的定位，回归大学校长治校本位，淡化大学校长官员色彩，逐步推动大学校长由“双肩挑”“三肩挑”向职业化、专业化方向发展。[3]

学者何毅（2013）认为，大学校长的角色及职能演变大体可分为三个阶段，自中世纪大学诞生以来一直到近代，大学校长的主要角色是“学术领袖”；第二次世界大战结束后，大学校长的“管理专家”色彩开始增强；20 世纪 60 年代后期，西方大学校长开始向“职业校长”转变。[4]

学者郦浩（2014）从大学校长的教育背景和职业背景变迁来分析我国大学校长职业化的进程，作者以“985 工程”首批启动的 9

所高校为例，截取 4 个时间断面分别收集相关数据，研究我国大学校长职业化的变迁历程以及未来的政策取向。[5]

2. 侧重介绍大学校长职业化的时代发展趋势

以该角度进行研究分析的文献，多数是结合时代发展的背景，论述大学校长职业化的必要性、重要性及历史发展的必然趋势。

如学者吴江、张秀阁、周保利（2002）从中国加入 WTO 迎接机遇和挑战的时代背景出发，结合 WTO 教育服务贸易的相关规定，提出大学校长职业化是中国高等教育改革开放的必然要求及历史趋势，我国应当积极地迎接时代挑战，参与教育服务贸易及国际教育市场的各项竞争，大学作为国际教育服务贸易的参与主体，需要加强高校校长的教育管理、经营及科研能力，推进大学校长职业化进程。[6]

学者唐德海、曹如军（2004）认为随着时代的发展，当代高校的管理性质赋予大学校长多重性的角色特征，我国旧有的大学校长定位已经不能满足校长管理工作的各种需求，要实现大学校长的角色转变。校长职业化的实现需要相应的配套机制的保障，要扩大办学自主权、不断完善大学校长遴选及约束机制。[7]

学者章小梅（2005）在研究中提出，随着高等教育国际化步伐的不断加快，面对日益激烈的国际竞争、高校连年扩招及民办高校快速发展所带来的种种管理压力，传统的职务化大学校长模式已不再适应高等教育国际化的发展需求，中国大学校长职业化应运而生。我们需要培养具备经营管理能力、开拓创新能力以及服务育人能力的新型职业化大学校长，推动大学校长多元化、专业化发展，创建一批具有世界一流教学水平的高水平大学。[8]

学者田丽萍（2012）从去行政化的角度提出了大学校长职业化的历史必然趋势，她认为，长期以来，我国大学校长由政府进行任命，“职务化”的大学校长观念不利于发挥大学自主权及提升我国大学的国际竞争力[9]。游清泉（2004）[10]，徐晴、胥青山（2004）[11]，张黎力、成中梅（2007）[12]等均从当前国内教育改革的角度分析了大学校长职业化的必要性及历史发展趋势。

（二）时代背景下中国大学校长职业化现实发展的研究

现实视角是近年来逐渐热门的大学校长职业化研究视角，有越来越多的学者关注实践中的大学校长职业化发展进程。这些文献，大多数是侧重从我国大学校长职业化发展过程中存在的问题、成因及路径选择的角度进行分析的。

如学者赵文华、高磊、马玲（2004）认为，从现代大学制度的角度来看，大学校长职业化是我国大学校长所面临的一个崭新而又复杂的课题，我们有一些举措正在背离职业化的发展方向，如大学校长的行政角色不断得以强化，为此大学校长必须确立具有战略性、发展性及实践性的教育理念，且为职业化道路提供规范化、程序化的遴选、薪酬等制度保障。[13]

学者刘新才（2007）认为，我国已具备了实现大学校长职业化的改革环境及条件，需要循序渐进革新制度观念，转变职务化的旧有观念，在选聘过程中要着重关注大学校长的个人能力及综合素质，健全和完善大学校长的培训及激励制度，确保校长工作的顺利开展。[14]

学者陈海梅（2007）分析研究了中国大学校长职业化的现状及问题，论述了大学校长进退制度问题，认为应从选拔、薪金、任期等几个方面对我国的职业化进程进行制度性的革新，同时也应对大学校长的自身素质和能力进行全方位的提升。[15]

学者周柯（2012）阐述了教育“行政化”及校长“官本位”现象对于大学校长发展的压力和挑战，提出大学校长职业化对于大学健康发展具有重要意义，应从观念和体制两个层面搭建大学校长职业化体系。[16]

学者李丹、杨海涛（2013）从大学校长角色定位及职责分工不明确；任职资格及职务终身制等相关制度不健全；以及薪酬体系及职业素质培训机制运行不合理三大方面阐述了目前我国大学校长职业化发展所存在的问题及成因。并提出应通过积极推动校长选拔试点工作进程、实现市场选拔聘任制度；优化培训制度、改变旧有的单一机制。[17]

学者刘尧（2013）对中国大学校长如何走职业化道路提出相关办法，其一，大学要摒弃“官本位”思想，鼓励校长自觉走职业化发展道路；其二，“官学一体化”及“双肩挑”让大学校长不堪重负，校长应厘清学术与行政的边界；其三，校长必须不断提高教育科学水平，把握学校学术发展的方向。[18]

学者张海清、刘建平、杨明宏（2014）从异化角度分析我国大学校长职业化发展过程中产生的问题，主要包括校长选拔行政化使得大学校长管理工作缺乏创新性和开创性；职务化校长导致校长行政权力凌驾于学术权力之上；“双肩挑”的普遍现象使得大学校长行政、学术角色模糊化。[19]

国内从现实视角来探讨我国大学校长职业化发展问题的研究多数史将研究重点放在了职业化实现路径的选择上面，且国内的硕博论文也把研究的重点放在研究我国大学校长职业化发展过程中的问题及解决对策的方向上，而对于我国大学校长职业化在实践中所遇到的问题及挑战则缺少系统性的分析和总结。

（三）对大学校长职业化的国际借鉴研究

1. 侧重从国外大学校长职业化研究的角度

我国学者对于国外大学校长职业化的相关研究多以美国为研究对象进行，通过对国外大学校长的职业化发展之路的透析，总结其职业化的主要发展方式及手段。

学者张冠勇（2007）选取了美国著名的十所高校校长职业背景为例进行实证分析，他指出美国大学校长职业化是以高校管理中对行政绩效及学术自治的要求为理论基础；制定了规范且程序化的校长遴选制度、职业化培训体系、市场化的薪酬体系，推进大学校长职业化的稳步发展。[20]

学者栾兆云（2008）以哈佛大学为例研究美国大学校长的职业化发展，他认为，美国有严格且规范的大学校长遴选程序，充分体现其民主特性；在选拔校长时十分注重其候选人的学术背景；美国大学可在很大程度上根据校长的工作业绩决定其任职年限；大学采取“软着陆”的方式及完善的培训制度帮助新校长快速适应并接任相关工作。[21]

学者郝森林（2009）从美国大学校长遴选程序、遴选标准、任职年限、薪酬待遇及培训体系五大方面介绍了美国大学的职业化取向，认为推行大学校长职业化是提高大学管理效能的有效途径。此外，作者还结合美国大学校长遴选的经验从遴选、任期、薪酬体系及培训机制等方面提出了我国大学校长职业化发展的应有之义。[22]

学者姜朝晖（2009）选取19世纪末到20世纪70年代，美国高等教育繁荣发展时期作为研究背景，对美国大学校长的职业特征进行分析。校长来源不再局限于具有宗教人士身份或背景，而是多由著名学者担任；校长的工作重心从学术性工作向专业化行政管理转变；同时，美国大学校长的遴选机制及培训评估机制均得以建立和完善，为美国大学校长职业化发展提供了制度保障。[23]

学者马蕊（2010）在其硕士论文《大学校长职业化发展研究》中主要分析了国外大学校长职业化的实践经验，结合我国大学校长的现实工作状况，提出落实大学校长培训制度、健全大学校长监督机制、以及推行大学校长的个人职业化发展等改革措施。[24]

学者何毅（2013）总结概括了西方国家大学校长职业化的成功实践经验，认为其大学校长职业化的主要特征及表现形式为遴选程序规范化、任职条件标准化、人选来源多元化、薪酬标准市场化及岗位流动自由化。虽然各国大学校长产生方式存在差异，但通过遴选方式产生职业化校长是普遍趋势，且大学校长职业化也是建设现代大学制度的关键一步。[25]

国内学者在研究大学职业化的过程中，多数是选择从借鉴的角度进行分析，以国外的实践经验为先导，对国外大学校长职业化的发展模式及方式进行比较全面的分析和总结。

2. 侧重从中外大学校长职业化比较研究的视角

一些学者运用比较研究的方法分析国内外大学校长职业化的异同，从中获得对我国大学校长职业化发展的借鉴意义。

学者李福华（2008）认为，目前，我国推行大学校长职业化仍然受到很多因素的影响和制约。我国大学校长普遍薪酬标准水平低，美国运用市场化手段调节大学校长薪酬水平；我国大学校长多采用上级任命制度，受上级任命制度的影响，我国大学校长任职的首要条件是政治身份，而在国外，特别是美国，高校对于校长的领导才能及管理水平有很高的要求。[26]

学者牛维麟、李立国、詹弘毅（2009）从大学校长角色、地位及作用随经济社会发展而不断变化的角度出发，将西方大学校长职业化的基本特征归纳为，校长来源多元化、遴选程序标准化、任期灵活化、薪酬合理化。相比之下，我国应将大学校长进行更为科学、合理的角色定位；改革并完善大学校长的遴选、任期、激励等相关机制；赋予大学及校长办学自主权，充分发挥其主观能动性。[27]

学者李巍巍（2013）选取中、美各50所著名大学作为样本，从校长年龄、性别、教育背景、职业背景等方面实证对比分析中美两国大学校长职业化背景的异同。受自由的市场经济及成熟的政治体制影响，美国实行的是开放式高等教育管理体制；而我国受发展中的经济及政治体制的影响，仍然采用集权式的高等教育管理体制，大学校长的理工科教育背景所占比例较大，校长的任职期限远低于美国大学校长的任职时长，且女大学校长的人数也远低于美国[28]。

三、结论与启示

综上所述，国内对大学校长职业化的研究以介绍国外大学校长职业化的历史及实践经验为发端，以结合时代背景对中国大学校长职业化现实研究为主要趋势，对大学校长职业化的研究逐渐呈现出问题分析深入化、研究角度多样化及学科背景交叉化等良好态势。总而言之，主要包括以下几点：

（一）大学校长职业化是时代发展的必然趋势

在已有的研究中，诸多学者均指出随着高等教育国际化的进程不断加快，当代高校的管理性质决定了大学校长角色的多样化趋势，且“职务化”的大学校长观念不利于发挥大学自主权及提升我国大学的国际竞争力。因此，我们应该转变旧有的观念，培养新型的职业化校长，实现大学校长角色的转变，淡化大学校长行政级别。

（二）配套机制的优化是实现校长职业化的保障

为加快实现大学校长职业化的办学治学模式，应确保相应的配套机制的保障工作，不断完善大学校长的遴选及相关的管理监督机制。通过对国外大学校长职业化发展之路的分析，国内学者将大学校长职业化的发展方式及手段概括为五个方面：大学校长遴选、校长职业化培训、薪酬待遇、任职年限及评估监督机制。

（三）我国大学校长职业化发展存在诸多问题亟待解决

国内大学校长职业化研究多数是从理论层面进行研究与分析，以国外实践经验为先导，缺乏对我国大学校长职业化的现实发展进行分析与总结，缺少实证及个案分析。此外，我国对大学校长职业化研究起步比较晚，研究方向也比较分散，多数是从理论层面进行研究与分析，多为对国外实践经验的借鉴及分析，对于我国大学校长职业化的历史进程及现实发展还没有全面、系统性的研究成果，理论基础有待加强，研究的系统性、完整性有待改善。

大学校长职业化兼具了时代意义和历史使命。目前，国内学者对于大学校长职业化这一问题的研究已取得了较为丰富的成果，但对于我国大学校长职业化的研究及其实现的路径分析仍需进一步加强及完善。大学校长作为一所大学的精神所在，不仅仅是要为历史负责，更要为现在和未来负责，作为大学的掌舵者，校长工作的高效、科学、合理、有序地进行和完成对于高校自身的发展具有十分重要的意义。

参考文献：

［1］夏征农．辞海编纂委员会．辞海［M］．上海：上海辞书出版社，2002：889.

［2］［27］牛维麟，李立国，詹弘毅．大学校长职业化的探究与启示［J］．中国高等教育，2009，(11)：11—14.

［3］陈运超．改革开放30年来我国大学校长角色与制度的变迁与反思［J］．复旦教育论坛，2009，(7)：48—52.

［4］［25］何毅．大学校长职业化与现代大学制度建设［J］．当代教育论坛，2013，(3)：29—34.

［5］邴浩．从教育背景与职业背景变迁看我国大学校长职业化

进程［J］. 黑龙江高教研究，2014，(6)：1—4.

［6］吴江，张秀阁，周保利. 面对WTO的选择：中国大学校长职业化［J］. 辽宁教育研究，2002，(3)：9—12.

［7］唐德海，曹如军. 校长职业化的若干理论问题思考［J］. 广西教育，2004，(4)：11—12.

［8］章小梅. 关于中国大学校长职业化的探讨［J］. 教育与现代化，2005，(3)：7—11.

［9］田丽萍. 去行政化背景下大学校长职业化探讨［J］. 中国电子教育，2012，(4)：5—7.

［10］游清泉. 教育的改革和创新呼唤"职业化校长"［J］. 教育理论与实践，2004，(3)：1—4.

［11］徐晴，胥青山. 校长职业化：中国教育改革与发展的必然趋势［J］. 交通高教研究，2004，(2)：10—13.

［12］张黎力，成中梅. 关于推进我国大学校长职业化的探讨［J］. 科教文汇，2007，(1)：5—6.

［13］赵文华，高磊，马玲. 论现代大学制度与大学校长职业化［J］. 复旦教育论坛，2004，(3)：35—39.

［14］刘新才. 我国当代大学校长职业化的现实路径［J］. 现代教育科学，2007，(6)：45—46.

［15］陈海梅. 我国大学校长职业化问题研究［J］. 山东高等教育，2014，(8)：3.

［16］周柯. 我国大学校长职业化实现路径研究［D］. 重庆：西南大学，2012.

［17］李丹，杨海涛. 中国大学校长的职业化发展探究［J］. 清华大学教育研究，2013，(2)：82—84.

［18］刘尧. 大学校长如何职业化［J］. 河南教育，2013，

(1)：34—35.

［19］张海清，刘建平，杨明宏．异化与优化：大学校长职业化发展路向选择［J］．大学教育科学，2014，(4)：118—120.

［20］张冠勇．美国大学校长职业化研究及其启示［J］．高等教育研究，2007，(4)：118—121.

［21］栾兆云．美国大学校长职业化发展及其启示［J］．高教探索，2008，(1)：83—86.

［22］郝森林．美国大学校长的职业化取向及启示［J］．教育发展研究，2009，(7)：85—87.

［23］姜朝晖．美国大学校长职业变迁研究［D］．北京：北京师范大学，2009.

［24］马蕊．大学校长职业化发展研究［D］．石家庄：河北师范大学，2006.

［26］李福华．我国大学校长职业化的条件分析［J］．广西教育，2008，(2)：41—43.

［28］李巍巍．比较分析视野下大学校长职业化路径研究［J］．武汉职业技术学院学报，2013，(1)：12.

注：文章原载于《黑龙江教育（高教研究与评估)》，2016 年第 8 期，49—52 页。

中国大学校长任期制述评及启示

摘　要：自《高等学校校长任期制试行办法》颁布至今已有25年，但任期制的制度构建依然在探索之中。本文对近20年来我国大学校长任期制问题的相关研究进行了回顾和梳理。研究表明，我国大学校长任期制的制度安排上存在着一些问题，如任期时间较短、连任届数规定不明确、评价指标不甚清晰、离退任机制相对薄弱等。国内学界对大学校长的评价机制、监督机制等方面的研究也较为欠缺，尚未能给予大学校长任期制的制度环境研究以足够的关注度。

关键词：大学校长；任期制；制度环境

校长是大学的最高行政首长，作为大学的“灵魂人物”，“他对一所大学的成功创建、平衡运行、革故鼎新、进步发展，具有决定性的影响和作用”[1]。然而，大学校长若要成功地实现其教育理念，发挥其领导作用，相关制度保障不可或缺。近年来，国内对大学校长问题的研究日渐关注，对高校领导制度的探讨也渐趋细致和深入，有关大学校长任期制的问题更是随着哈佛大学前校长劳伦斯·萨莫斯（Lawrence H. Summers）在北京大学演讲时的一句“我坚信，哈佛大学之所以成为世界上最优秀的大学，原因之一就是实行校长长期任期制”[2]而引发了国内学界的广泛讨论。大学校长任期制是一种怎样的制度？我国的大学校长应不应该实行任期制？大学校长任期是否越长越好？

拙文围绕“中国大学校长任期制”问题，对近20年来国内相关研究进行了回顾和梳理，以期对该问题得出较为清晰的认识。

一、“任期制”的概念解读

“任期制”是指在一定单位实行一定岗位按期任用有关人员的制度。[3]任期制与终身制相对立，符合权力有限与制约原则，具有规范性、程序性和民主性的特点。1980年12月，中央组织部和原教育部党组在《关于加强高等学校领导班子建设的意见》中提出：“今后任命专业人员担任正副校院长时，实行任期制。”为了进一步推进干部制度改革，国家教委于1987年3月发布了《高等学校校长任期制试行办法》，规定高等学校的正、副校长均实行任期制，任期一般为4年，学制为5年以上的学校，任期可为5年；任期届满，根据工作需要和本人条件，经上级任免机关批准，可以连任。此外，《办法》还规定：大学校长上任半年内应提出本届工作规划；对任期内的校长、副校长，学校应每一二年进行一次民主评议，上级主管部门每两年进行一次全面考核，考核结果作为上级主管部门对正副校长奖惩、晋级、任免等的主要依据；兼搞专业技术的校长任满后，上级主管部门应为其进修提供条件；等等。由此可见，大学校长任期制是一项较为系统而复杂的制度，其制度安排不仅包括对大学校长的任期时间、连任届数的规定，还涵盖了目标评价、任内考核、离退任等多项机制。据此，有学者将“高校领导干部任期制”定义为“规范高校党政领导干部的任职期限、任职条件、任职行为、任职考核、任职管理的一种制度”。[4]

二、中国大学校长任期制问题的研究现状

拙文对近20年来中国大学校长任期制问题的中外文献进行了梳

理与分析，按照其研究内容的侧重点，大致分为以下三类：

（一）对大学校长任期时间与连任届数的研究

1. 侧重介绍国外概况或以中外比较法所进行的研究

在侧重于介绍国外大学校长任期时间与连任届数的相关文献中，以选取美国大学校长为研究对象的居多。如蓝劲松（2004）采用比较研究的方法，对比以哈佛大学和麻省理工学院为代表的 14 所美国研究型私立高校和以加州大学伯克利分校为代表的 9 所美国公立研究型大学，对这 23 所学校的历任校长学术背景进行了详细的分析，研究显示，美国顶尖私立大学校长任期较长，而顶尖公立大学校长任期较短。[5]栾兆云（2008）选择了曾经改变哈佛大学的 6 位杰出校长进行分析，哈佛大学自 1640 年第一任校长邓斯特上任至 2001 年鲁登斯坦校长任期结束，361 年的办学历史中共有 26 位校长任满，平均每任校长任期长达 13. 9 年。栾兆云认为，美国大学校长通常没有固定任期，美国大学在很大程度上视工作业绩决定校长的任职年限与出任年龄。[6]冯倬琳（2011）以大学校长的职业定位及发展为切入点进行研究，认为受美国高等教育的传统、选拔方式和内部管理体制的影响，美国研究型大学校长的任期主要由能力决定，不受其他因素影响，且通常任期时间比较长，平均值为 12. 2 年。[7]

吕向虹（2005）选取美国哈佛大学的校长任期与我国进行比较。对哈佛大学自 1640 年来历任校长的任职时间进行了统计分析，并对哈佛大学著名校长与其任职年限之间的关系进行了研究，认为“哈佛大学校长中，有成就、对哈佛大学发展有较大贡献的，其任期都较长，而在任内无所建树、无所作为的校长，其任期一般都较短”，继而对比国内大学校长任期短龄化、任职老龄化的现状，提出了“大学校长该任多久”的质疑。[8]樊华强（2006）比较了中美两国研究型大学校长的任期差异，得出结论：美国研究型大学校长任期普遍长于中国；总体来说，任期的长短与其对学校发展的贡献成正相关性。樊华强认为，校长任期差异产生的原因在于两国大学在自治传统、校长产生方式和内部领导体制方面存在不同，他分析了大学校长较长任期的必要性，据此提出要延长我国大学校长任期、改革校长产生方式和完善大学内部领导体制的建议。[9] 佟欣（2008）对比了中美研究型大学校长的历史平均任期：美国研究型大学校长平均任期为七年，而中国同类大学校长的平均任期仅为四年。佟欣认为，大学的每个发展阶段都有 10 –30 年的文化积淀，这就要求大学校长不能频繁更换，同时，大学校长要使自己的治校理念产生影响也需要 10 年以上的铺垫，据此认为最合理的大学校长任期为 10 –30 年。[10]

2. 侧重于对国内大学校长任期时间与连任届数的分析和评价

国内学者的相关研究主要从历史与理论两个维度进行，前者多以统计分析为研究方法，集中于民国以来著名大学校长的任期研究。程斯辉（2010）梳理了近代我国国立大学、私立大学、教会大学的百余名校长的任期、平均任期、最长任期以及任期类型和上任年龄，进行了较为全面的数据整理[11]；肖卫兵（2011）则对近代国立大学校长的个人信息进行了统计，绘制出“中国近代国立大学校长任期一览表”，涵盖了 138 位近代大学校长的任期情况，据此总结出我国近代大学校长的任期差异很大的特点，同时阐释了大学校长任职和离职的原因。[12] 以上研究囊括了翔实的数据资料，富有参考价值，但未就任期问题做出更为深入的分析和探究。

从理论角度进行的研究主要以理论思辨为主，并存在着两种不同的观点：一种观点认为，应取消大学校长任期制，采取终身制；另一种看法则认为大学校长任期制是对终身制的进步，应得以推广实行。前者以曾任职华中科技大学校长达三十年的朱九思和武汉大学原校长刘道玉为代表，朱九思（2008）提出取消大学校长任期制有利于大学发展的看法，认为校长不是行政干部，而是学术领导，是学者的带头人，因此，只要身体健康状况允许，不应当有年龄和任职年限的限制[13]；刘道玉也提出，目前我国大学校长选拔的办法主要采用任命制，这种做法，无论是从选拔的方法，还是对校长任期和待遇的规定，都与干部的选任相同，这是官本位主义在大学校长选任上的明显表现，而那些经过科学选拔出来的一流大学校长不应该受任期限制，而应长期担任校长，成为大学的灵魂人物。[14]

对“大学校长任期制”持赞同态度的学者当中也有几种不同的声音：一些学者认为，我国大学校长的任期不应限制的过严，可以实行弹性任期制，即任职时间依大学校长的表现而定，如果校长在任内成绩卓然，则可以适当放宽任职限制。应飚、杨潮（2005）曾提出高校岗位聘任制的“弹性任期”概念，认为弹性任期制可以有效地规避行为短期化现象，并主张岗位越高，任期越长。[15]王洪才（2009）认为，我国并不适宜广泛推行大学校长弹性任期制，规定任期（一般四年）和限制连任次数是目前我国大学校长任期制的最佳选择，未来制度环境成熟之后，可以考虑不固定任期制，[16]同样，较早前的一篇访谈文章《科学家当领导要有任期——访北京师范大学校长王梓坤教授》（1985）中记述了北京师范大学前校长王梓坤对于大学校长任期制的看法，即科学家出于各种考虑，是不愿意当领导的，对于已经担任大学校长职务的科学家来说，严格规定任期并限制连任次数是改变其顾虑的好办法。[17]马怀德（2011）认为，校长应当是有丰富管理经验的优秀学术带头人，任期以四年一届、连选连任不超过两届为限。[18]孙正林（2006）认为，领导干部任期制应尽快完善，以规定任期不得超过两届为宜。[19]还有一些学者也认为任期制是切实可行的，但目前的任期较短，应适当延长，如王飞（2012）认为，中国大学校长的任职短期化是由官僚化所导致的，并将进一步导致大学校长过于追求短期政绩，不重视人才储备和培养，使得大学教育缺乏后劲，如果流行校长短期化任职，将会助长或强化大学校长的过关意识，甚至于会陷入机会主义行为的泥沼。[20]黄明东等（2005）认为，大学校长应有较长的任期，原因在于大学发展具有滞后性，人的正确认识不可能一次完成，而且我国的大学内部管理机制不完善，他提出大学的可持续发展必须要有相当长的校长任期作保证，就我国的实际情况来看，高校校长任期最好保持在15—20年。[21]

（二）对中国大学校长任内评价与考核机制的研究

由《高等学校校长任期制试行办法》的规定可以看出，大学校长任期制当中的“民主评议”机制是自下而上的，由高校内部组成评议会对大学校长进行评价，而“考核”机制则是自下而上的，由上级主管部门负责对大学校长的工作进行考察核实，并以此作为校长奖惩、任免的依据。国内学者在研究过程中，并未将二者进行明确的区分，并多以“评价机制”为主题进行研究。

此类研究主要集中在评价指标与评价体系两个方面。评价指标方面，朱缨（2008）认为，大学的发展是校长的办学理念及其践行的果实，也是其智慧和能力的集中体现，应当成为大学校长聘期考核评价的核心内容，并提出了学校发展规划和管理水平、学校办学质量、学校总体发展趋势等多个评价指标。[22]邝邦洪（2004）提出为高校领导的政绩设置科学的价值评价指标，着重于高校的投入产出效益以及领导班子的党纪政纪法纪意识水平。[23]评价体系方面，王鲁捷等（2009）认为，我国目前的大学校长评价机制存在着评价目标定位不准、评价指标设置模糊、评价主体构成不合理以及评价结果运用不当等问题，评价机制重“外观”而轻“内涵”，缺乏针对性和引导性，易造成大学校长紧盯“形象工程”，忽视教育理念创新和校园文化建设，且评价过程以上级部门为主导，高校内部“民主评议”往往流于形式。因此，王鲁捷等人将人力资本理论引入大学校长评价，提出了以“素质”“能力”和“绩效”三要素为一级指标的“大学校长综合评价指标体系”。[24]李联明（2008）考查了美国大学校长的遴选与考核指标体系的构建，认为两套指标体系在大学校长的学术管理、交流、筹款、判断、决策、合作能力、处理内外部关系等几个方面存在“交集”部分，体现出美国高教界对这些能力指标的重视与推崇，值得我国关注。李联明的研究中所提到的“考核体系”在内涵上与上文所指的“评价体系”基本一致。[25]王洪才（2009）也指出，当前环境下，建立科学可行的大学校长任期目标评价体系才是完善任期制的当务之急。[26]

（三）对中国大学校长离退任机制等其他机制的研究

国内对大学校长离退任机制的研究并不多，仅有几篇文献进行了简单探讨。刘新才（2007）在对我国当代大学校长职业化的路径进行探索时提出，合理的大学校长退出机制其实是一种补偿机制，目前在一些国家所实行的名誉头衔机制可以在一定程度上免除现任校长的后顾之忧，也为他们在卸任后从事教学、科研工作搭建较高的平台，对校长们甘为管理职业者所起的作用不容忽视。[27]姜朝晖（2012）探讨了美国大学校长的职业发展，美国大学校长的退出一般是由董事会决定，美国大学校长本身也有相当的智慧去进行适合自己的选择，而这种智慧正是中国的大学校长所需要培养的。[28]此外，还有部分研究探讨了我国大学校长的监督机制，这也是完善大学校长任期制制度建设不可或缺的环节。然而，由于对大学校长监督机制的研究较多地涉及到我国大学校长的权力大小与权力制约，因此目前在任期制研究构架下的大学校长监督机制研究并不多见，多数集中在大学校长负责制（或问责制）研究框架下。如李树峰（2005）认为，我国在推行校长负责制的过程中赋予了上级教育行政机关、学校党支部、教职工代表大会、学生家长委员会、新闻媒体等对校长工作进行监督的权力，但由于种种原因，这些机构的监督效果很弱。[29]葛新斌（2003）也指出，根据我国现行的法律法规，上有教育行政部门对校长的领导与监督，内有党支部的政治领导以及校务委员会的决策咨询与审议，下面还有教职工代表大会和教育工会的民主管理与监督，这样校长在行使权力时，可谓上下左右皆有监督机构。但上述约束机制实际上很难发挥预期的作用。[30] 为解决这一问题，鲍传友（2004）认为，应考虑在政府与校长这对“委托—代理关系”中建构富有成效的约束机制，即在赋予校长较为优厚的“剩余索取权”以增强其工作动力的同时，积极创设一种介于政府与校长之间的“中介性监督机构”，如“学校理事会”“校董会”“校务监督委员会”等，来约束校长权力的行使过程。[31]

三、结论与启示

综上所述，国内对大学校长任期制的研究从介绍国外大学校长任期制为发端，以中外比较研究为发展，以结合国内现状进行研究为趋势，逐渐触及中国大学校长任期制问题的本质。总结以上研究，以下几点结论较为明确：

（一）校长任期的长短将会影响大学的发展

多位学者指出，大学校长治校理念的贯彻和教育改革的实行均需要相当长的时间，以保证其施政措施的连续性，而短任期下的校长更为倾向于追求短期绩效，忽略人才的储备与大学文化的培养。因此可以说，大学校长任期的长短与其对学校发展的贡献呈正相关性。

（二）优秀大学校长的任期普遍较长

国内学者多以高等教育发达的美国为例，对其著名大学校长的任职时间进行研究，结果表明，美国著名大学校长的在职时间普遍较长。研究显示，20 世纪以来哈佛大学校长的平均任期长达 22 年；即使自 20 世纪 60 年代以来，美国研究型大学校长的更换速度明显加快，但常春藤盟校的校长平均任期仍长达 11 年。相较之下，中国大学校长的平均任期只有 4.1 年，远低于美国。一些学者以我国历史上的著名大学校长的案例进行研究，如北京大学蔡元培、清华大学梅贻琦、浙江大学竺可桢、华中科技大学朱九思等等，这些著名的大学校长在任职期间，或带领大学异军突起，成为国内翘楚，或成功推行了令人称颂的治校理念，声名远播，或大刀阔斧进行改制和革新，助推大学发展……可谓功劳卓著，其共同点就是任职时间普遍长于十年。

（三）中国大学校长的任期应适当延长

中国大学校长的平均任期只有4.1年，这对于一个大学的发展历史来说，只能算作一个插曲，而从大学校长领导力实现的过程来看，四年的时间也远远不够。上述研究当中的大部分学者都对延长我国大学校长任期持赞同态度。但在持赞同看法的学者当中产生了两种相对立的观点，即“任期制”与“终身制”之争，对“任期制”亦存在三种不同的认识，即固定任期制、弹性任期制和较长任期制，这三种认识并不矛盾，而是在可行性上存在争议。

（四）中国大学校长任期制的制度安排尚未完善

尽管《办法》发布至今已有二十多年，但大学校长任期制仍未得到彻底普及，各学校的实行情况也不尽相同，这正是由于目前我国大学校长任期制的制度安排存在很多亟待完善之处。例如，我国现行的法律法规并未明确规定大学校长可以连任几届；“上级主管部门有权调整、调动、变更其领导职务”的规定也较为笼统草率；现行的大学校长评价指标完全借用了我国领导干部评价指标，其“德、能、勤、绩、廉”的指标设置忽视了校长所应具有的教育家的本质；监督机制和离退任机制等的规定则更为模糊，使得大学校长的权力得不到有效制约，也缺乏离退任后的相关保障。

国内学界对大学校长任期制问题的广泛关注使得相关研究得以向着更为细致和深入的方向发展，研究广度上跨越了近现代，有较为成熟的国际比较研究，研究深度上趋向制度层面设计，成果已然丰富。然而，完善一项“仍处于试验探索阶段”的制度，相关研究必须要有强有力的理论支撑和务实的实践价值，从这方面来说，国内对大学校长任期制的研究远未成熟，还存在更为深入探究的空间：

（一）研究内容缺乏系统性，忽略了对制度环境的思量

从研究内容上来说，国内学者对我国大学校长任期制进行的研究并不系统，对国外的大学校长任期情况的介绍较多，而结合国内实情进行分析的较少，未能充分考虑到中外高等教育之间所存在的观念上的不同和制度上的巨大差异；研究重点多集中于对大学校长任职时间长短与任职届限的探讨，而较少涉及到大学校长任期制的其他方面。国外大学校长制度的优秀经验固然值得借鉴，但是、不同国家、地区的高等教育背景和大学治理模式并不相同，反映在大学校长任期制本身则表现出更大的差异性，因此，立足于我国实情的分析与研究不可或缺。一项制度的建立和完善，需要从制度安排和制度环境两个方面去构建。制度变迁理论强调，制度环境是制约和影响主体（政府、组织、或个人）行为的一系列制度的总和，包括组织、法律、习俗和意识形态，其决定了制度安排的性质、范围和进程。[32]就大学校长任期制来说，其制度安排并不简单等同于任职期限的设计，还包括大学校长任期内的目标制定、阶段性考核、监督、评价和激励机制等一系列相关环节，而其制度环境也涉及我国高等教育内部管理体制和干部选拔任用制度等多种相关制度对其所造成的影响。因此，诚如陈艳（2011）所说，单纯地探讨大学校长任期意义并不大，只有深入探讨任期的相关制度建设，完善考核、评价和激励机制，大学校长的任期才具有真正的意义。[33]

（二）研究方法较为单一，欠缺实证的支撑

从研究方法上来说，我国学者对大学校长任期制的研究中定性分析较多而定量分析较少，缺乏实证的支撑。类似“大学校长的任期应为 10 - 15 年为宜”的简单论断未免略显主观。相比之下，美国学者对大学校长任期制的研究较为成熟，其研究方法也更为丰富，

例如 Michael Cohen 与 James March 合著的 *Leadership and Ambiguity: The American College President* 一书是大学校长任期研究领域的重要著作，作者选取 1900 年至 1970 年内的美国大学校长为研究对象，对大学校长任期的衡量标准进行了界定，绘制了 1900—1970 年美国大学校长平均已完成任期和平均附加任期曲线图，根据历史时期、学校规模、就职时间的不同，绘制了不同的大学校长完全任期中位数图表，提出了未来（20 世纪 80 年代）大学校长的平均任期会随着学校规模扩张而略有上升的预测。[34] 美国教育协会也定期对全美 2000 多所大学的校长进行调查和分析，得出较为翔实可靠的数据报告。借鉴国外的研究方法，国内一些学者已经开始尝试运用定量分析的方法进行相关研究，但总体来说仍然较为薄弱，未能为这一研究提供更为切合和深入的数据支持。

大学校长问题可以说既是一个教育问题，又是一个文化问题和政治问题，是一个牵扯国家教育基本观念、教育领导体制、大学基本制度等许多方面的复杂性问题……其研究需要在包括教育、社会、历史等许多内容交织的思想和文化场景中进行。就中国大学校长任期制来说，其研究根植于我国高校领导体制，我国高校实行的是党委领导下的校长负责制——大学校长选拔与任用的主导权掌握在相关政府部门的手中，由此而任命的校长具有行政级别，其职位性质等同于国家公务人员；校长不仅承受着来自上级主管部门的压力，也时刻受到校党委书记的制约；中国的大学校长，普遍承担着学术与行政双肩挑的重任，奔波劳累却往往顾此失彼；缺乏教授会与评议会的监督和制约，对大学校长的任期考核与评价常常流于形式……日前沸沸扬扬的“浙大换校长风波”也从一个侧面反映了这一独特的中国式现象，不得不引起我们的深思。

参考文献:

[1] 眭依凡. 关于大学校长及其作用的讨论 [J]. 江西师范大学学报（哲学社会科学版），2000，(3)：7.

[2] 张君辉. 借鉴国外经验　改革校长任期制度 [N]. 中国教育报，2007-06-11 (005).

[3] 苑茵，周冰，沈士仓等. 现代劳动关系辞典 [M]. 北京：中国劳动社会保障出版社，2000.

[4] 王安利. 对高校领导干部实行任期制的思考 [J]. 学校党建与思想教育（高教版），2005，(7)：10.

[5] 蓝劲松. 美国研究型大学校长之学术背景——对23所美国著名高校校长教育背景与工作背景的分析 [J]. 中国高教研究，2004 (12)：43.

[6] 栾兆云. 美国大学校长职业化发展及其启示——以哈佛大学为例 [J]. 高教探索，2008 (1)：83.

[7] 冯倬琳. 研究型大学校长：战略领导·职业管理·职业发展 [M]. 上海：上海交通大学出版社，2011：192.

[8] 吕向虹. 大学校长该任多久——对哈佛大学校长任期的考察及思考 [J]. 佛山科学技术学院学报（社会科学版），2005 (6)：87.

[9] 樊华强. 中美研究型大学校长任期比较研究 [J]. 复旦教育论坛，2006 (5)：66.

[10] 佟欣. 从大学发展的角度谈大学校长的任期——基于对中美研究型大学校长任期的比较研究 [J]. 文教资料，2008 (24)：75.

[11] 程斯辉. 中国近代大学校长研究 [M]. 北京：人民教育出版社，2010.

[12] 肖卫兵．中国近代国立大学校长结构及其角色研究[D]．苏州大学高等教育学专业博士学位论文，2011.

[13] 朱九思，黄明东．怎样办好大学 [J]．现代大学教育，2008 (1)：19.

[14] 刘道玉．中国应当怎样遴选大学校长 [J]．高教探索，2005 (2)：4.

[15] 应飚，杨潮．克服短效行为，实行弹性任期制 [J]．高等工程教育研究，2005 (3)：41.

[16] [26] 王洪才．大学校长：使命·角色·选拔 [M]．上海：上海交通大学出版社，2009.

[17] 佚名．科学家当领导要有任期——访北京师范大学校长王梓坤教授 [J]．科学学与科学技术管理，1985 (1)：32.

[18] 马怀德．欧洲大学校长选拔制度与治理结构 [J]．教育研究，2011 (2)：104.

[19] 孙正林．关于高校领导班子建设若干问题的思考 [J]．国家教育行政学院学报，2006 (2)：57.

[20] 王飞．论中国大学校长产生机制的改进 [J]．高校教育管理，2012，06 (2)：20.

[21] 黄明东，刘永，郭梅．试论大学校长任期 [J]．教育研究，2005 (5)：50.

[22] 朱缨．规划·质量·趋势——基于学校发展的研究型大学校长评价思路 [J]．江苏高教，2008，(4)：44.

[23] 邝邦洪．论高校领导的政绩观 [J]．高教探索，2004 (4)：46.

[24] 王鲁捷，王佳．试论大学校长评价 [J] 中国高教研究，2009 (9)：58。

[25] 李联明．美国大学校长遴选与考核指标体系构建及价值借

鉴［J］．国家教育行政学院学报，2008（6）：87.

［27］刘新才．我国当代大学校长职业化的现实路径［J］．现代教育科学，2007，（6）：45.

［28］姜朝晖．美国大学校长职业发展的困惑、对策及启示［J］．高校教育管理，2012（3）：18.

［29］李树峰．校长问责制：校长权力的制衡与监督［J］．教育科学，2005，21（3）：18.

［30］葛新斌．我国现行“校长负责制”的法律与制度分析［J］．北京师范大学学报（社会科学版），2003（6）：48.

［31］鲍传友．校长负责制下的校长权力大小及其规约［J］．教育科学，2004，20（4）：53.

［32］卢现祥．新制度经济学［M］．武汉：武汉大学出版社，2004：112.

［33］陈艳．中国大学校长选拔任用制度改革研究综述［J］．江苏高教，2011（5）：27.

［34］王长乐．大学校长形态：一种复杂性的社会现象［J］．现代大学教育，2007（4）：62.

注：文章原载于《黑龙江教育（高教研究与评估）》（核心期刊遴选数据库），2014 年第 6 期。

致　谢

谨以此文衷心感谢一直以来关心和爱护我的师长、领导、同事和朋友们！

衷心感谢尊敬的顾明远教授和周蕖教授！

衷心感谢北京师范大学心理学院的前院长车宏生教授！

衷心感谢南京师范大学教育科学学院项贤明教授及其夫人朱晓英女士！

衷心感谢北京师范大学教育学部国际与比较教育研究院副院长高益民教授！

衷心感谢北京师范大学教育学部国际与比较教育研究院曲恒昌教授！衷心感谢“联校论文奖计划”办公室的张玉婷老师！

衷心感谢北京化工大学文法学院、素质教育基地、公共管理系以及高教所的领导、同事们！衷心感谢北京化工大学教师发展中心的领导、同事们！

同时，也衷心感谢我的学生们：北京化工大学文法学院公共管理专业 2011 级硕士研究生秦聪，公共管理专业 2012 级硕士研究生侯丽媛，化工学院 2012 级硕士研究生向龙，公共管理专业 2013 级硕士研究生蒋梓淇、鲁文静、张欣欣、李博、王君，公共管理专业 2014 级硕士研究生刘净净、贾永芳、汤银珍，公共管理专业 2015 级硕士研究生杨艺、魏克文，公共管理专业2016级硕士研究生付建萍。

该书的出版要衷心感谢教育部中央高校基本科研业务费资助项目的大力资助！同时也要衷心感谢张金良老师与范晓虹老师的热心帮助！在此一并致以谢忱！

北京化工大学高等教育研究中心　于颖

2017年4月26日